中国田野考古报告集

考 古 学 专 刊

丁种第一百零九号

辽 祖 陵

2003 ~ 2010 年考古调查发掘报告

第四册

中国社会科学院考古研究所
内蒙古自治区文物考古研究院　编著

文物出版社

北京 · 2022

Zuling Mausoleum of the Liao Dynasty:

Report on the Archaeological Surveys and Excavations from 2003–2010

（IV）

By

Institute of Archaeology, Chinese Academy of Social Sciences

Institute of Cultural Relics and Archaeology, Inner Mongolia Autonomous Region

Cultural Relics Press

Beijing · 2022

彩　版

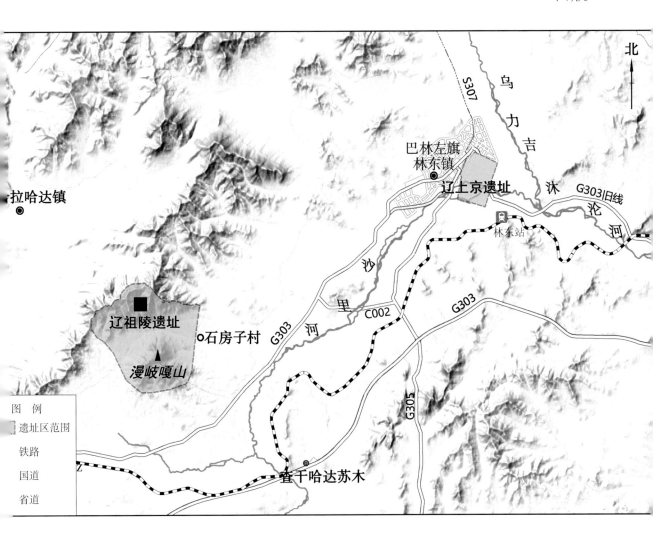

辽祖陵遗址位置示意图（上为北）

图版二

祖州城

祖陵陵园

太祖陵玄宫

辽祖陵陵园示意图（下为西）

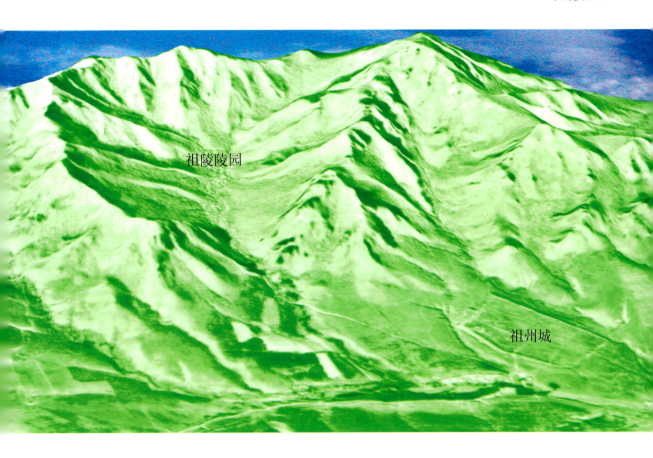

祖陵陵园

祖州城

辽祖陵陵园和祖州城位置示意图（上为北）

1. 龟趺山遗址考古调查（北—南）

2. 一号陪葬墓盗洞（西北—东南）

辽祖陵

1. 甲组建筑基址地表石柱础

2. 玄宫封土堆南侧石像生

辽祖陵

辽祖陵四周山脊上石墙局部（南—北）

甲组建筑基址北基址局部（南—北）

1. 龟趺山遗址发掘工地

2. 全站仪测绘

辽祖陵发掘现场

1. 甲组建筑基址发掘现场

2. 四号建筑基址发掘现场

辽祖陵发掘现场

黑龙门遗址2009年部分探沟位置（东—西）

黑龙门遗址发掘工地（西—东）

1. G24（北—南）

2. G25（东—西）

1. 黑龙门遗址绘图情况

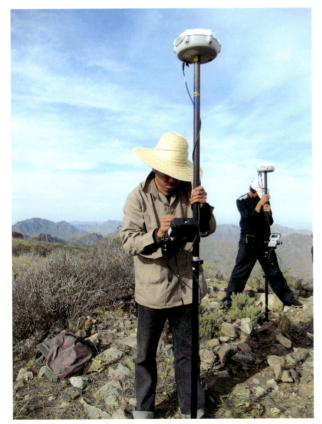

2. RTK测量遗迹

辽祖陵调查发掘现场

黑龙门遗址气球照相

辽祖陵陵区全景（上为南）

图版一六

辽祖陵高程图（上为南）

辽祖陵陵园和祖州城正射影像图（上为北）

陵　　　墙

三号建筑基址 ■

辽太祖玄宫 ●

二号建筑基址 ■

墙

石

一号陪葬墓 ●

甲组建筑基址 ■

四号建筑基址 ■

水池

黑龙门遗址 ■

辽祖陵陵园平面示意图（上为北）

辽祖陵陵园内地形和主要遗存分布位置图（东—西）

辽太祖陵封土丘近景（东—西）

辽太祖陵封土丘近景（西南—东北）

图版二二

1. 封土丘与自然山体交界处（南—北）

2. 封土丘堆积情况（东南—西北）

辽太祖陵封土丘

1. 西侧石砌界墙（南—北）

2. 东侧石砌界墙（东—西）

辽太祖陵封土丘两侧石护墙

1. 太祖陵与"南岭"石墙（西—东）

2. 二号建筑基址石构件

3. 二号建筑基址石构件

1. 登山路（南—北）

2. 登山路护坡墙（东—西）

辽太祖陵"南岭"南侧登山路

1. "南岭"南侧登山路L2J4盗坑内西剖面

2. 封土丘南侧冲沟内二号石翁仲

1. 石翁仲发掘前原状

2. 石翁仲发掘后正面

3. 石翁仲发掘后背面

辽太祖陵玄宫封土丘南侧一号石翁仲

图版二八

1. 石犬

2. 石像生（石翁仲、石犬）

辽太祖陵玄宫封土丘南侧石像生

山洞

天梯山口

1. 辽太祖陵后山"天梯山"豁口
和山洞（东南—西北）

2. 封土丘东段石块堆遗迹
（G27DS2）（东—西）

辽太祖陵

1. 2009G32所见封土丘西端石块堆遗迹
（东南—西北）

2. 2009G28封土丘地貌（北—南）

辽太祖陵玄宫封土丘

1. 2009G28封土丘盗坑清理所见"石孔遗迹"上端

2. 封土丘内"石孔遗迹"下端　　　　3. 封土丘内"石孔遗迹"中端

辽太祖陵玄宫封土丘"石孔遗迹"

L3

太祖陵玄宫

一号陪葬墓位置示意图（东—西）

1. 对面山势（西北—东南）

2. 后面山势（东南—西北）

3. 地表盗洞（西北—东南）

一号陪葬墓

一号陪葬墓墓道和排水沟局部（东南—西北）

1. 墓道内砖砌建筑瓦顶俯视
   （西北—东南）

2. 墓道内北侧墙瓦顶侧面局部
   （东南—西北）

一号陪葬墓墓道

1. 砖砌侧墙全景
（东南—西北）

2. 侧墙东端北侧铁构件
（南—北）

一号陪葬墓墓道内砖砌侧墙

1. 墓道门前砖平台（东南—西北）

2. 墓道排水沟局部（西北—东南）

一号陪葬墓墓道

1. 南砖垛及木地栿局部（北—南）　　　　　2. 北砖垛木门砧及木地栿局部（南—北）

一号陪葬墓墓门残存版门设施

1. 前室后部砖墙壁面局部（南—北）

2. 前室顶部盗洞

一号陪葬墓前室

1. 前室后部封门砖
（东—西）

2. 前室后部封门砖侧视
（南—北）

一号陪葬墓前室

一号陪葬墓前室后壁（东—西）

1. 前甬道（东—西）

2. 北侧壁龛（南—北）

一号陪葬墓前甬道

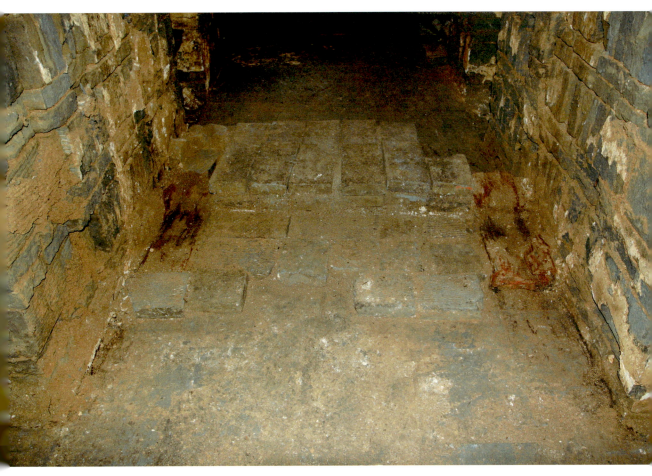

1. 后部两侧木门砧（西—东）

2. 后部南侧木门砧（东—西）

一号陪葬墓前甬道

1. 前甬道顶部（东—西）

2. 中室穹隆顶

一号陪葬墓

一号陪葬墓中室西南角和右耳室口（东北—西南）

一号陪葬墓中室东北角和左耳室口（西南—东北）

1. 右耳室口（北—南）

2. 过洞顶部（北—南）

一号陪葬墓右耳室

一号陪葬墓右耳室（北—南）

1. 右耳室穹隆顶

2. 右耳室地面方形坑

3. 左耳室口（南—北）

一号陪葬墓耳室

1. 过洞顶部（南—北）

2. 穹隆顶

一号陪葬墓左耳室

一号陪葬墓左耳室（南—北）

1. 东部（南—北）

2. 西部（南—北）

一号陪葬墓左耳室

一号陪葬墓后甬道（东—西）

1. 后甬道和封门砖（东—西）

2. 顶部砌砖痕迹

一号陪葬墓后甬道

1. 俯视（东—西）

2. 顶部填土堆积（西—东）

一号陪葬墓后室

1. 后甬道和后室东壁局部（西—东）

2. 后室西壁盗洞（东—西）

一号陪葬墓后甬道和后室

1. 台面彩绘

2. 正立面（东—西）

一号陪葬墓后室棺床

1. 正立面南角（东—西）

2. 正立面北角（东—西）

一号陪葬墓后室棺床

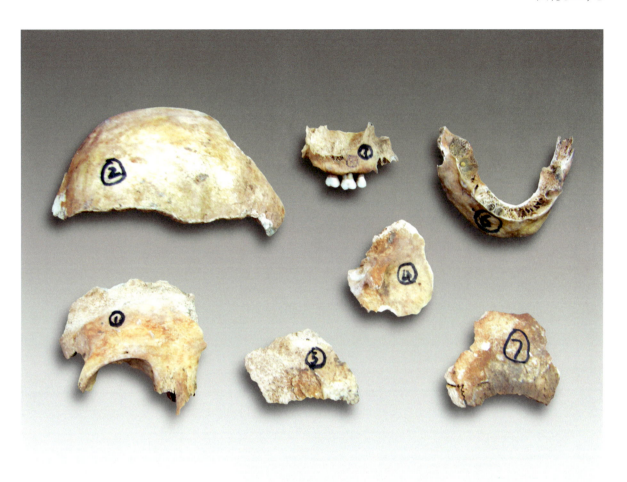

1. 人骨

2. 颌骨细部

一号陪葬墓出土人骨

1. 人物饰件（07PM1：233）

2. 双凤饰件（07PM1：239）

3. 仙鹤饰件 （07PM1：87）

一号陪葬墓出土鎏金银器（放大）

1. 仙鹤饰件（07PM1：198）

3. 头饰附坠（07PM1：213-1）

2. 鸳鸯饰件（07PM1：247）

4. 头饰附坠（07PM1：213-2）

一号陪葬墓出土鎏金银器（放大）

1. 头饰附坠（07PM1：213-3）

2. 框形饰（07PM1：168）

3. 框形饰（07PM1：168）正

5. 镶玉饰件（07PM1：232-1）

4. 框形饰（07PM1：168）侧

一号陪葬墓出土鎏金银器（放大）

1. 弹簧链（07PM1：235-1～07PM1：235-8）

2. 链形饰（07PM1：192-1）

3. 链形饰（07PM1：192-2）

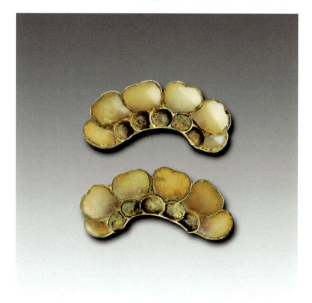

4. 镶玉饰件（07PM1：194-1、07PM1：194-2）

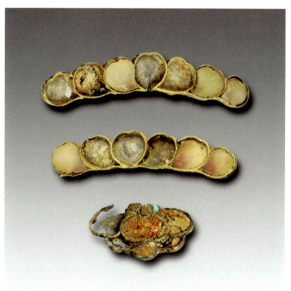

5. 镶玉饰件（07PM1：195-1～07PM1：195-3）

一号陪葬墓出土鎏金银器

1. 镶玉鎏金银饰件（07PM1：232-1～07PM1：232-8）

2. 鎏金银构件（07PM1：142-1～07PM1：142-4）

3. 银链（07PM1：246）（放大）

4. 银筒状饰件（07PM1：91）（放大）

5. 银带钉构件（07PM1：228）

6. 银片（07PM1：196-1、07PM1：196-2）

一号陪葬墓出土鎏金银器、银器

1. 铃铛（07PM1：106-1）（放大）　2. 铃铛（07PM1：106-2）（放大）　3. 铃铛（07PM1：106-3）（放大）

4. 铃铛（07PM1：164）（放大）　　　　　　　5. 铃铛（07PM1：180）（放大）

6. 錾刻片饰（07PM1：165）（放大）　　　7. 錾刻片饰（07PM1：251-1、07PM1：251-2）

一号陪葬墓出土鎏金铜器

1. 附花饰件（07PM1：172）

4. 圆柱形构件（07PM1：207）

2. 螺纹饰件（07PM1：208）

5. 圆柱形构件（07PM1：207）正

3. 弓形构件（07PM1：230）

6. 圆柱形构件（07PM1：207）顶

一号陪葬墓出土鎏金铜器

1. 07PM1：32-1、07PM1：32-2

2. 07PM1：73-1、07PM1：73-2

3. 07PM1：154-1、07PM1：154-2

4. 07PM1：159-1、07PM1：159-3

5. 07PM1：159-2、07PM1：159-6

6. 07PM1：159-9

一号陪葬墓出土鎏金铜饰木构件

1. 07PM1：159-13

2. 07PM1：159-14

3. 07PM1：159-17

4. 07PM1：159-19

5. 07PM1：159-20

6. 07PM1：159-21

一号陪葬墓出土鎏金铜饰木构件

1. 鎏金铜饰木构件（07PM1：187-1、
   07PM1：187-2）

2. 鎏金铜饰木构件（07PM1：187-3、
   07PM1：187-4）

3. 鎏金铜钉（07PM1：49-1、
   07PM1：49-3）

4. 鎏金铜钉（07PM1：90-1～
   07PM1：90-3）

5. 鎏金铜钉（07PM1：103-1）

6. 鎏金铜钉（07PM1：103-2、
   07PM1：103-4）

7. 鎏金铜钉（07PM1：103-3）

8. 鎏金铜钉（07PM1：107-1～
   07PM1：107-4）

一号陪葬墓出土鎏金铜器

图版七〇

1. 鎏金铜钉（07PM1：163-1、07PM1：163-2）

2. 鎏金铜钉（07PM1：174-1、07PM1：174-2）

3. 鎏金铜钉（07PM1：250）

4. 铜镜（07PM1：191）

5. 铜构件（07PM1：37）

6. 铜构件（07PM1：209）

一号陪葬墓出土鎏金铜器、铜器

1. 铜构件（07PM1：220）　　　2. 铜构件（07PM1：69-2）　　　3. 铜钉（07PM1：69-1）

4. 铜钉（07PM1：219-1）　　　5. 铜钉（07PM1：219-2）　　　6. 铜钉（07PM1：219-3）

7. 铜钉（07PM1：244）　　　　　8. 铜棍木构件（07PM1：101）

一号陪葬墓出土铜器

1. 错金铁器（07PM1：4）

2. 鎏金铁剑柄（07PM1：176）

3. 鎏金铁盔（07PM1：236-1）

4. 鎏金铁盔（07PM1：236-2）

5. 鎏金铁盔（07PM1：236-3）

6. 鎏金铁帽钉（07PM1：34-3）

一号陪葬墓出土错金铁器、鎏金铁器

1. 07PM1：64-2（正）　　　　　　　　2. 07PM1：64-2（背）

3. 07PM1：35-1　　　　　4. 07PM1：35-2　　　　　5. 07PM1：35-3

6. 07PM1：35-4　　　　　　　　　　7. 07PM1：98-1

一号陪葬墓出土鎏金铁帽钉

1. 剪刀（07PM1：173）

2. 剪刀（07PM1：216）

5. 长刀（07PM1：19-1）

6. 长刀（07PM1：19-2）

3. 剪刀（07PM1：221-1）

4. 剪刀（07PM1：221-2）

7. 长刀（07PM1：19-3）

8. 长刀（07PM1：19-4）

一号陪葬墓出土铁器

1. 匕首（07PM1：242）

2. 匕首（07PM1：245）

3. 剑（07PM1：218-1）

4. 剑（07PM1：218-2）

5. 矛（07PM1：36-1）

6. 矛（07PM1：36-2）

7. 矛（07PM1：59）

8. 矛（07PM1：60）

一号陪葬墓出土铁器

1. 07PM1：231-1、
   07PM1：231-7

2. 07PM1：231-2～
   07PM1：231-4

3. 07PM1：231-5、
   07PM1：231-6

4. 07PM1：231-8

5. 07PM1：231-9

一号陪葬墓出土铁甲片

1. 鸣镝（07PM1：178-4、07PM1：178-5）

2. 鸣镝（07PM1：225-3）

3. 鸣镝（07PM1：217-1）

4. 鸣镝（07PM1：217-2）

5. 鸣镝（07PM1：225-1、07PM1：225-2）

6. 扇形镞（07PM1：65-1、07PM1：65-2）

1. 扇形镞（07PM1：178-1～07PM1：178-3、07PM1：178-6）

2. 亚腰镞（07PM1：215-4）

3. 双翼镞（07PM1：188-1、07PM1：188-2）

4. 三翼镞（07PM1：243-1～07PM1：243-5）

5. 四棱镞（07PM1：66-1、07PM1：66-2）

6. 四棱镞（07PM1：215-1～07PM1：215-3）

1. 07PM1：34-1、07PM1：34-2

2. 07PM1：110

3. 07PM1：50-2、07PM1：50-5

4. 07PM1：51-1、07PM1：51-2

5. 07PM1：72-1～07PM1：72-3

6. 07PM1：81-1

一号陪葬墓出土铁圆帽钉

图版八〇

1. 圆帽钉（07PM1：167-2）　　2. 圆帽钉（07PM1：111-2）　　3. 圆帽钉（07PM1：137）

4. 圆帽钉（07PM1：190-3～07PM1：190-6）　　5. 圆帽钉（07PM1：190-7、07PM1：190-8、
07PM1：190-10、07PM1：190-11）

6. 扁帽钉（07PM1：18）　　7. 扁帽钉（07PM1：97-1～07PM1：97-3、
07PM1：97-5）

一号陪葬墓出土铁帽钉

1. 扁帽钉（07PM1：97-4）

2. 扁帽钉（07PM1：114-5）

3. 扁帽钉（07PM1：133-2）

4. 扁帽钉（07PM1：167-1、07PM1：167-3）

5. 工形钉（07PM1：114-1～07PM1：114-3）

6. 工形钉（07PM1：114-4、07PM1：133-1、
07PM1：133-4）

7. 工形钉（07PM1：133-5、07PM1：133-6）

1. 钉（07PM1：133-3）

3. 钉（07PM1：190-2、07PM1：190-9、
07PM1：190-12）

2. 钉（07PM1：190-1）

4. 铁饰木构件（07PM1：48-1、07PM1：48-2）

5. 木门构件
（07PM1：12-1）正

6. 木门构件
（07PM1：12-1）侧

一号陪葬墓出土铁器

1. 07PM1：12-2（正）

2. 07PM1：12-2（侧）

3. 07PM1：13-1

4. 07PM1：13-2

一号陪葬墓出土铁木门构件

1. 构件（07PM1：81-5）

2. 构件（07PM1：135-1、07PM1：135-2）

3. 带孔片（07PM1：157-1、07PM1：157-2）

4. 带孔片（07PM1：157-3）

5. 环（07PM1：229）

6. 长条形器（07PM1：240）

一号陪葬墓出土铁器

1. 长条形器（07PM1：248）

2. 带纽器（07PM1：241）

3. 铁器（07PM1：214）

4. 甲片（07PM1：84-1）

5. 甲片（07PM1：84-2）

6. 块（07PM1：96-1）

一号陪葬墓出土铁器

1. 穿带罐（07PM1：38）

2. 高领罐（07PM1：39）

3. 大口罐（07PM1：189）

4. 青釉夹耳罐残片（07PM1：112）

5. 青釉夹耳罐残片（07PM1：99）

6. 盘口长颈瓶（07PM1：199）

一号陪葬墓出土瓷器

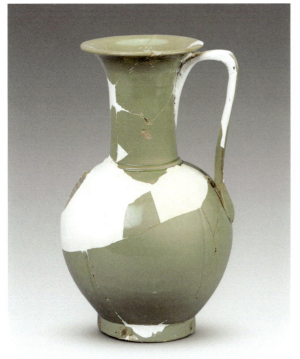

1. 青釉执壶（07PM1：151）

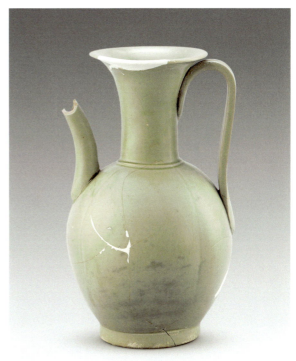

2. 青釉执壶（07PM1：177）

3. 青绿釉瓜棱壶（07PM1：161）

4. 青釉盏托（07PM1：47）俯视

一号陪葬墓出土瓷器

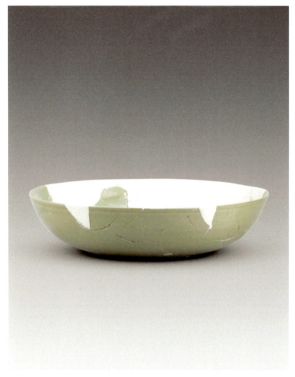

1. 青釉龙纹洗（07PM1：138）

3. 青釉双凤纹洗（07PM1：134）

2. 青釉龙纹洗（07PM1：138）俯视

4. 青釉双凤纹洗（07PM1：134）俯视

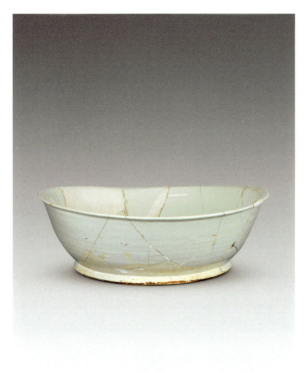

1. 盆（07PM1：43）

3. 青釉碗（07PM1：40）

4. 青釉碗（07PM1：40）俯视

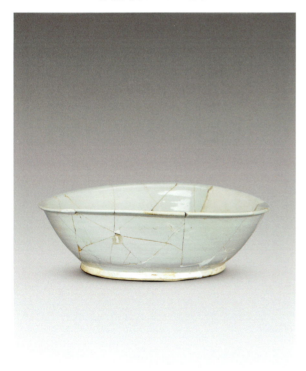

2. 盆（07PM1：43）侧视

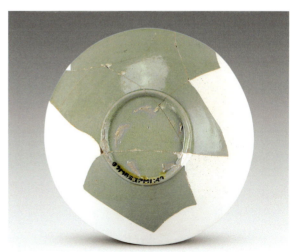

5. 青釉碗（07PM1：40）仰视

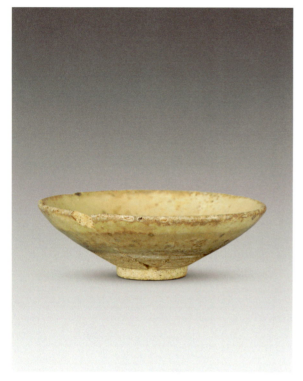

1. 粗白瓷小碗（07PM1：155）

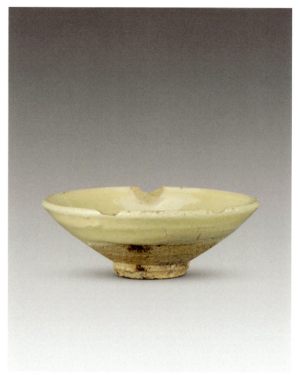

3. 粗白瓷小碗（07PM1：158）

2. 粗白瓷小碗（07PM1：155）俯视

4. 粗白瓷小碗（07PM1：158）俯视

一号陪葬墓出土瓷器

一号陪葬墓出土瓷盘（07PM1：183）

一号陪葬墓出土瓷盘（07PM1：148）

一号陪葬墓出土瓷盘（07PM1：184）

一号陪葬墓出土瓷盘（07PM1：201）

一号陪葬墓出土瓷盘（07PM1：238）

1. 细白瓷折沿器盖（07PM1：200）

4. 细白瓷器盖（07PM1：58）

2. 细白瓷折沿器盖（07PM1：200）仰视

5. 细白瓷器盖（07PM1：58）仰视

3. 细白瓷折沿器盖（07PM1：200）俯视

6. 细白瓷器盖（07PM1：58）俯视

一号陪葬墓出土瓷器

1. 细白瓷器盖（07PM1：130）

4. 细白瓷盒（07PM1：156）

2. 细白瓷器盖（07PM1：130）仰视

5. 酱褐釉器盖（07PM1：45）

3. 细白瓷器盖（07PM1：130）俯视

6. 青釉器盖（07PM1：77-1）

1. 青釉器盖（07PM1：179）

4. 青釉器盖（07PM1：203）

2. 青釉器盖（07PM1：179）仰视

5. 细白瓷口沿残片（07PM1：41-1）

3. 青釉器盖（07PM1：179）俯视

6. 细白瓷口沿残片（07PM1：44-2）

1. 细白瓷口沿残片（07PM1：55-2）

2. 细白瓷口沿残片（07PM1：55-3）

3. 粗白瓷口沿残片（07PM1：109）

4. 青釉口沿残片（07PM1：57）

5. 茶褐色釉口沿残片（07PM1：79）

6. 青釉器底（07PM1：113-1）

一号陪葬墓出土瓷器

1. 青釉器底（07PM1：119）

4. 陶罐残块（07PM1：122-1）

2. 青釉器底（07PM1：162）

5. 陶罐残块（07PM1：122-2）

3. 茶褐色釉器底（07PM1：202）

1. 绿釉器盖（07PM1：67）

4. 绿釉器盖（07PM1：71）

2. 绿釉器盖（07PM1：67）仰视

5. 绿釉器盖（07PM1：71）仰视

3. 绿釉器盖（07PM1：67）俯视

6. 绿釉器盖（07PM1：71）俯视

1. 绿釉器盖（07PM1：144）

3. 绿釉器盖（07PM1：171）

2. 绿釉器盖（07PM1：144）俯视

4. 绿釉器盖（07PM1：171）仰视

6. 陶器口沿（07PM1：42-1）

5. 绿釉器盖（07PM1：171）俯视

1. 口沿（07PM1：42-3）

2. 口沿（07PM1：56-1）

3. 口沿（07PM1：123）

4. 器底（07PM1：46）

5. 器底（07PM1：102）

6. 器底（07PM1：108）

一号陪葬墓出土陶器

1. 陶器底（07PM1：118）

5. 鎏金漆皮（07PM1：182）

2. 陶器腹片（07PM1：42-2）

3. 陶器腹片（07PM1：56-2）

6. 斗栱残块（07PM1：127）

4. 陶器腹片（07PM1：56-3）

7. 木雕构件（07PM1：128）

一号陪葬墓出土陶器、漆木器

1. 包金龙头饰（07PM1：131）

2. 房形木榫构件（07PM1：132）

一号陪葬墓出土漆木器

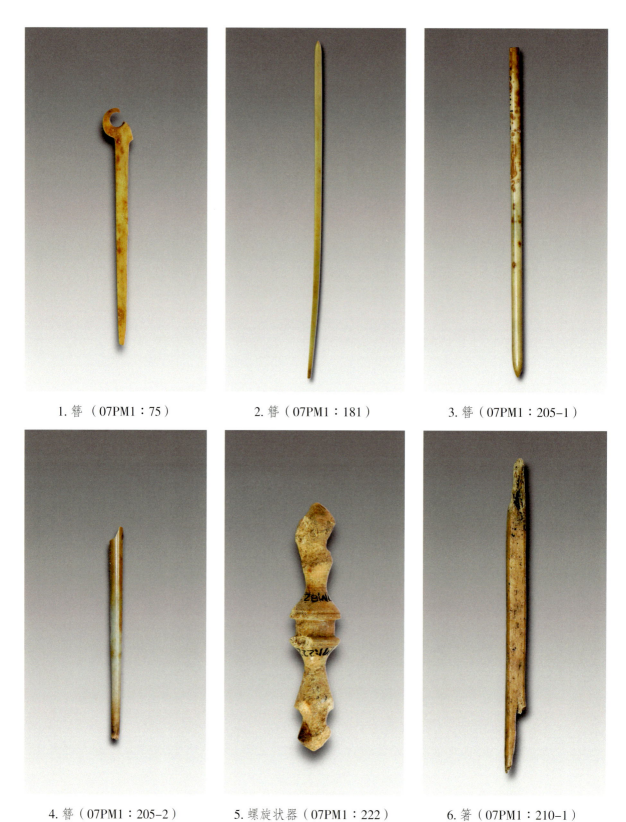

1. 簪（07PM1：75）　　　2. 簪（07PM1：181）　　　3. 簪（07PM1：205-1）

4. 簪（07PM1：205-2）　　5. 螺旋状器（07PM1：222）　　6. 箸（07PM1：210-1）

一号陪葬墓出土骨器

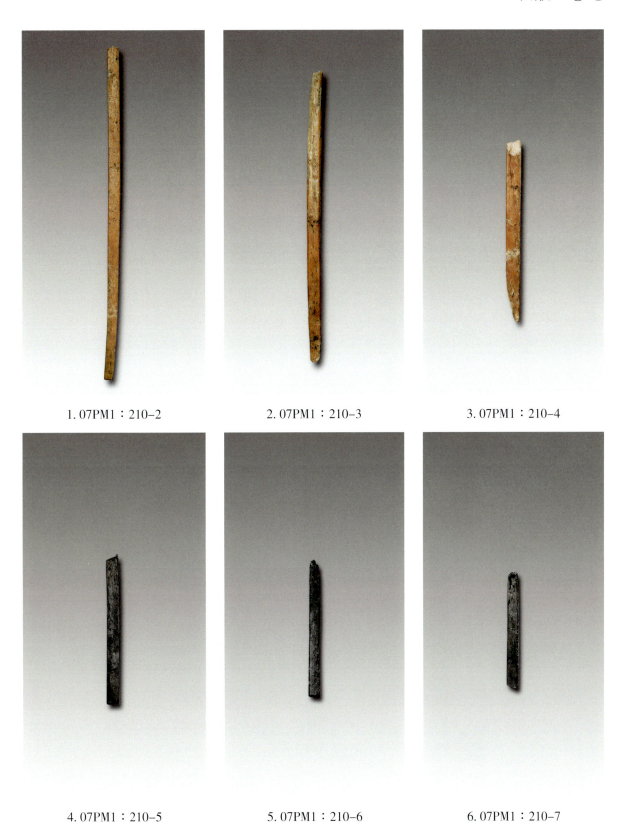

1. 07PM1：210-2   2. 07PM1：210-3   3. 07PM1：210-4

4. 07PM1：210-5   5. 07PM1：210-6   6. 07PM1：210-7

一号陪葬墓出土骨箸

1. 骨箸（07PM1：210-8）

2. 骨箸（07PM1：210-9）

3. 骨箸（07PM1：210-10）

4. 骨器（07PM1：226）

6. 蚌器（07PM1：170）

5. 骨器（07PM1：227）

7. 蚌器（07PM1：185）

一号陪葬墓出土骨器、蚌器

1. 蚌器（07PM1：212-1～07PM1：212-3）

2. 琥珀（07PM1：136）

3. 琥珀（07PM1：211）

4. 琥珀（07PM1：224-1、07PM1：224-2）

5. 琥珀（07PM1：224-3～07PM1：224-10）

一号陪葬墓出土蚌器、琥珀

1. 带孔玉器（07PM1：169）

5. 玉石杯（07PM1：52）

2. 异形玉器（07PM1：166）

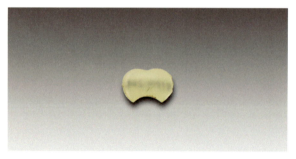

3. 小玉片（07PM1：204）

6. 石口沿（07PM1：76-2）

4. 石碗（07PM1：145）

7. 石器底（07PM1：76-1）

一号陪葬墓出土玉器、石制品

1. 桌案（07PM1：237）

2. 桌案（07PM1：237）

3. 桌案腿残块（07PM1：61-1）

4. 桌案腿残块（07PM1：61-2）

5. 桌案腿残块（07PM1：61-2）

一号陪葬墓出土石桌案

1. 桌案腿残块（07PM1：147-13）

2. 桌案腿残块（07PM1：160-3）

3. 桌案腿残块（07PM1：160-5）

4. 桌案残块（07PM1：54）

5. 桌案残块（07PM1：62）

一号陪葬墓出土石桌案

1. 07PM1∶152

2. 07PM1∶160-1

3. 07PM1∶61-3

4. 07PM1∶61-4

一号陪葬墓出土石桌案残块

1. 07PM1∶61-5

2. 07PM1∶61-5

3. 07PM1∶61-6

4. 07PM1∶68-2

5. 07PM1∶68-1

6. 07PM1∶68-1

一号陪葬墓出土石桌案残块

1. 桌案残块（07PM1：160-4）

2. 桌案残块（07PM1：88）

3. 桌案残块（07PM1：160-2）

4. 构件残块（07PM1：28）

5. 构件残块（07PM1：30）

6. 带孔器座（07PM1：193）

1. 蓝色玻璃碗（07PM1：83）

2. 蓝色玻璃器（07PM1：80-1、07PM1：80-3、07PM1：80-5）

3. 蓝色玻璃器（07PM1：82-1～07PM1：82-3）

4. 白色玻璃器底（07PM1：120）

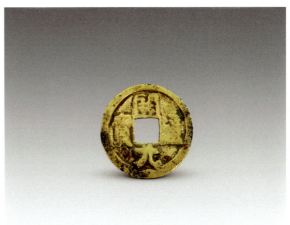

1. 鎏金开元通宝（07PM1：63）　　　　　　2. 鎏金开元通宝（07PM1：85）

3. 鎏金开元通宝（07PM1：234-1）　4. 鎏金开元通宝（07PM1：234-2）　5. 开元通宝（07PM1：86-1）

6. 开元通宝（07PM1：86-2）　　　7. 开元通宝（07PM1：197）　　　　8. 开元通宝（07PM1：223）

1. 07PM1：9

2. 07PM1：9（内）

3. 07PM1：22

4. 07PM1：22（内）

一号陪葬墓出土筒瓦

1. 07PM1：26

2. 07PM1：26（背）

3. 07PM1：105

4. 07PM1：105（背）

5. 07PM1：1

6. 07PM1：3

一号陪葬墓出土兽面瓦当

1. 07PM1：2

2. 07PM1：2（背）

3. 07PM1：5

4. 07PM1：5（背）

5. 07PM1：6

6. 07PM1：7

一号陪葬墓出土兽面瓦当

1. 07PM1：8

2. 07PM1：10

3. 07PM1：11

4. 07PM1：11（背）

5. 07PM1：17

6. 07PM1：20

一号陪葬墓出土兽面瓦当

1. 07PM1：21

2. 07PM1：23

3. 07PM1：27

4. 07PM1：29

5. 07PM1：104

6. 07PM1：104（背）

一号陪葬墓出土兽面瓦当

1. 兽面瓦当（07PM1：116）

2. 几何纹瓦当（07PM1：117）

3. 滴水（07PM1：14）

4. 滴水（07PM1：14）侧

5. 滴水（07PM1：15）

6. 滴水（07PM1：15）侧

一号陪葬墓出土瓦当、滴水

1. 07PM1：24

2. 07PM1：24（内）

3. 07PM1：25

4. 07PM1：25（外）

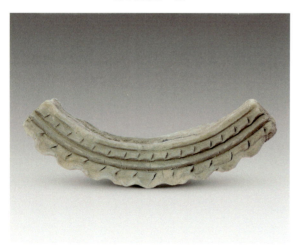

5. 07PM1：31-1

6. 07PM1：31-1（内）

一号陪葬墓出土滴水

1. 07PM1：31-2

2. 07PM1：31-3

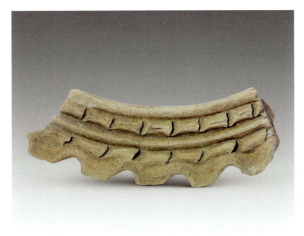

3. 07PM1：31-4

4. 07PM1：33-1

5. 07PM1：33-2

6. 07PM1：33-4

一号陪葬墓出土滴水

1. 滴水（07PM1：33-3）

2. 滴水（07PM1：33-3）侧

3. 长方形沟纹砖（07PM1：53-1）

4. 长方形沟纹砖（07PM1：53-1）

5. 长方形沟纹砖（07PM1：53-2）

6. 长方形沟纹砖（07PM1：53-2）

一号陪葬墓出土滴水、青砖

1. 07PM1：53-3

2. 07PM1：53-3

3. 07PM1：92

4. 07PM1：92

5. 07PM1：94

6. 07PM1：94

一号陪葬墓出土长方形沟纹砖

1. 长方形沟纹砖（07PM1：100）

2. 长方形沟纹砖（07PM1：100）

3. 长方形沟纹砖（07PM1：93）

4. 长方形沟纹砖（07PM1：93）

5. 方形沟纹砖（07PM1：70）

6. 方形沟纹砖（07PM1：70）

一号陪葬墓出土砖

1. 十字纹砖（07PM1：129）

2. 橼头（07PM1：16）

3. 斗形构件（07PM1：124-1）

4. 斗形构件（07PM1：124-2）

5. 斗形构件（07PM1：124-3）

6. 彩绘砖（07PM1：125-1）

一号陪葬墓出土砖构件

1. 07PM1：125-2

2. 07PM1：125-3

3. 07PM1：140

4. 07PM1：149-1

5. 07PM1：149-2

6. 07PM1：150-4

一号陪葬墓出土彩绘砖

1. 07PM1：150-1

2. 07PM1：150-1（背）

3. 07PM1：150-2

4. 07PM1：150-2

5. 07PM1：150-3

6. 07PM1：150-3

一号陪葬墓出土彩绘砖

1. 彩绘砖（07PM1：150-5）

2. 彩绘砖（07PM1：150-6）

3. 彩绘砖（07PM1：153-1）

4. 彩绘砖（07PM1：153-1）背

5. 彩绘砖（07PM1：153-2）

6. 彩绘砖雕构件（07PM1：126-1）

一号陪葬墓出土彩绘砖、彩绘砖雕构件

1. 07PM1：126-2

2. 07PM1：126-3

3. 07PM1：126-4

4. 07PM1：126-5

5. 07PM1：126-6

6. 07PM1：139-1

7. 07PM1：139-1（背）

一号陪葬墓出土彩绘砖雕构件

1. 07PM1：139-2

2. 07PM1：139-2（背）

3. 07PM1：139-3

4. 07PM1：139-3（背）

5. 07PM1：139-4

6. 07PM1：139-4（背）

一号陪葬墓出土彩绘砖雕构件

1. 07PM1：139-5

2. 07PM1：139-5（背）

3. 07PM1：139-6

4. 07PM1：139-6（背）

5. 07PM1：141-1

6. 07PM1：141-1（侧）

一号陪葬墓出土彩绘砖雕构件

1. 彩绘砖雕构件（07PM1：141-2）

4. 花卉雕砖（07PM1：175-2）

2. 花卉雕砖（07PM1：175-1）

5. 花卉雕砖（07PM1：175-2）背

3. 花卉雕砖（07PM1：175-1）背

一号陪葬墓出土彩绘砖雕构件、花卉雕砖

1. 花卉雕砖（07PM1：206–1）

2. 花卉雕砖（07PM1：206–1）背

3. 花卉雕砖（07PM1：206–2）

4. 花卉雕砖（07PM1：206–2）背

5. 弧边砖构件（07PM1：143–1）

6. 弧边砖构件（07PM1：143–1）背

一号陪葬墓出土花卉雕砖、弧边砖构件

1. 弧边砖构件（07PM1∶143-2）

2. 弧边砖构件（07PM1∶143-2）背

3. 圆角砖构件（07PM1∶249）

4. 圆角砖构件（07PM1∶249）背

一号陪葬墓出土砖构件

1. 甲方墓志残片（07PM1：95-3）

2. 甲方墓志残片（07PM1：146）

3. 乙方墓志残片（07PM1：115-2）

4. 乙方墓志残片（07PM1：115-2）侧

一号陪葬墓出土墓志

1. 发掘前地表盗坑（西—东）

2. 墓道内的大石块（南—北）

二号丛葬墓

1. 墓葬平面图（南—北）

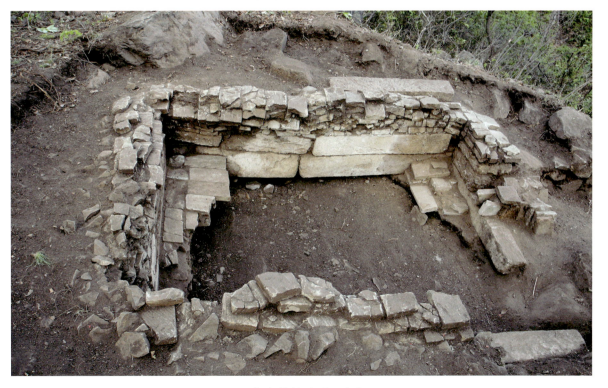

2. 墓室局部（西—东）

二号丛葬墓

二号丛葬墓墓室外石条

1. 墓室所用沟纹砖

2. 墓内采集人骨

二号丛葬墓

1. 银手镯（09PM2：1）

2. 铁锁（09PM2：2）

3. 酱釉瓷器底（09PM2：3）

4. 篦点纹陶器底（09PM2：6）

5. 篦点纹陶器腹片（09PM2：7）

二号丛葬墓出土银器、铁器、瓷器、陶器

1. 09PM2：4

2. 09PM2：4

3. 09PM2：5

4. 09PM2：5

二号丛葬墓出土长方形沟纹砖

黑龙门

黑龙门遗址位置（南—北）

黑龙门遗址位置（北—南）

黑龙门遗址发掘前地貌（西—东）

1. 东门道隔梁南壁（南—北）

2. 黑龙门所在地势高差（西—东）

黑龙门遗址

黑龙门遗址发掘后全景（下为南）

黑龙门遗址东墩台全景（下为南）

1. 西段包石（西—东）

2. 东段包石（西—东）

黑龙门遗址东墩台南壁包石

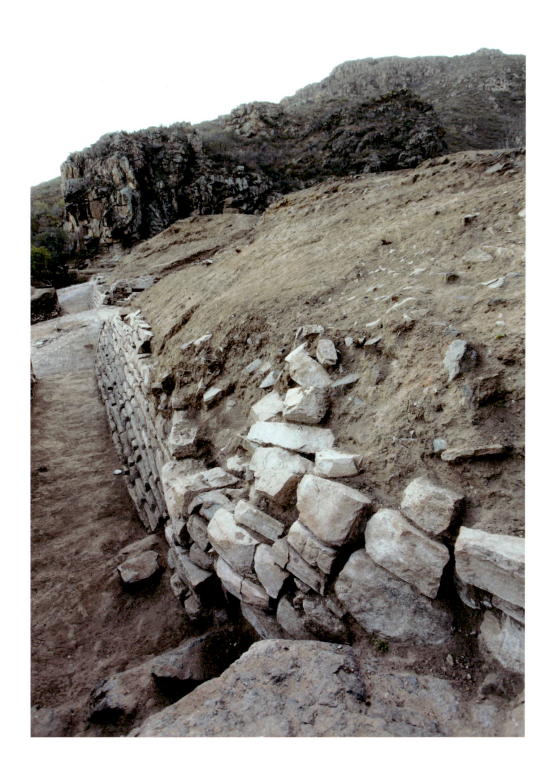

黑龙门遗址东墩台南壁东段包石（东—西）

黑龙门遗址东隔墙发掘后全景（下为南）

1. 顶部础石

2. 南壁包石（东—西）

黑龙门遗址东隔墙

1. 南壁包石和包砖（东—西）

2. 北壁包石（北—南）

黑龙门遗址东隔墙

1. 全景（东—西）

2. 南壁包石与包砖（南—北）

黑龙门遗址西隔墙

1. 全景（东—西）

2. 北壁包石（东—西）

3. 南壁包石（南—北）

黑龙门遗址西墩台

1. 东壁（西门道西边壁）包石槽局部（TG4内，上为北）

2. 采集石柱础

黑龙门遗址西墩台

1. 东墩台内的早期遗迹（西—东）

2. 西隔墙西侧早期遗迹（西—东）

黑龙门遗址早期遗迹线索

黑龙门遗址东门道、中门道全景（下为南）

1. 东门道发掘后全景（北—南）

2. 东壁及其门道基础（西—东）

黑龙门遗址东门道

1. 木地栿和土衬石（西—东）

2. 木地栿（南—北）

黑龙门遗址东门道东壁

1. 南段木地栿（西—东）

2. 木地栿上凹槽（南—北）

黑龙门遗址东门道东壁

1. 木地栿和土衬石（东北—西南）

2. 北段木地栿（东—西）

黑龙门遗址东门道西壁

1. 北侧门道口包石与地面铺砖（北—南）

2. 南侧门道口包石（南—北）

黑龙门遗址东门道

1. 南侧西壁木地栿凹槽（东—西）

2. 南侧地面（北—南）

黑龙门遗址东门道

1. 门砧石和将军石（南—北）

2. 西侧门砧石（北—南）

3. 东侧门砧石（北—南）

黑龙门遗址东门道

1. 将军石（东—西）

2. 出土铁铺首衔环原貌

黑龙门遗址东门道

1. 壁画残块

2. 木构件残迹（南—北）

黑龙门遗址东门道内遗迹

黑龙门遗址东门道"五瓣蝉翅"慢道(南—北)

1. 东侧（东—西）

2. 西侧（西—东）

黑龙门遗址东门道"五瓣蝉翅"慢道

黑龙门遗址中门道"五瓣蝉翅"慢道（南—北）

1.门道及东壁（西—东）

2.门道及西壁（东—西）

黑龙门遗址中门道

1. 北段土衬石残痕（南—北）

2. 土衬石、木地栿和排叉柱（东—西）

黑龙门遗址中门道西壁

1. 东壁面（西—东）

2. 西壁面（东—西）

黑龙门遗址中门道

1. 门道北口（北—南）

2. 门道地面（南—北）

黑龙门遗址中门道

1. 地面铺砖"露龈造"（北—南）

3. 西侧门砧石（东—西）

2. 门砧石和将军石（西—东）

4. 将军石（南—北）

黑龙门遗址中门道

1. 地面倒塌木构件（北—南）

2. 木构件

3. 木构件

4. 壁画残块

黑龙门遗址中门道

1. "五瓣蝉翅" 慢道（南—北）

2. "五瓣蝉翅" 慢道（东—西）

黑龙门遗址中门道 "五瓣蝉翅" 慢道

1. 中门道"五瓣蝉翅"慢道(西南—东北)

2. TG3内所见西门道地面铺砖(上为东)

黑龙门遗址

1. 东墩台登门慢道（南—北）

2. 东墩台西段踏道（南—北）

3. 东墩台西段踏道
（西—东）

黑龙门遗址登门慢道

1. 东墩台东段慢道（北—南）

2. 东墩台顶部建筑
（2010DQF1）
（东—西）

黑龙门遗址

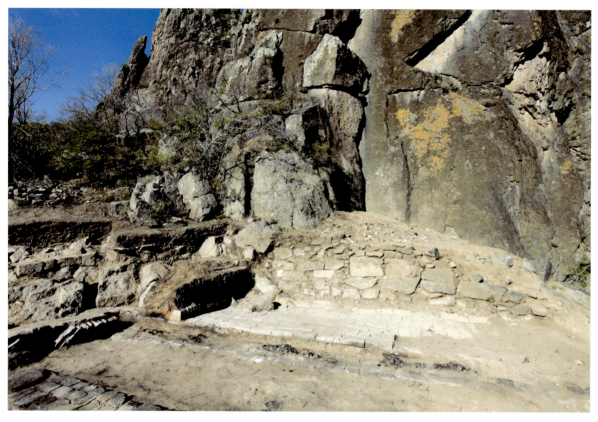

1. 东墩台上F1外东侧墙体（西—东）

3. 中门道北侧巨石上凿痕

2. 东墩台上F1东散水和土坯墙（南—北）

黑龙门遗址

1. 中门道北侧冲沟两侧巨石（西—东）

2. 北侧2009G14、2009G15位置（东—西）

黑龙门遗址

1. 衔环门铍（10MZ1MD1⑤：60）

2. 镞（10MZ1MD1③B：87）

3. 圆帽钉（09G6②：1）

4. 圆帽钉（10MZ1MD1③B：37-1）

5. 圆帽钉（10MZ1MD1③B：37-2）

6. 圆帽钉（10MZ1MD1③B：37-3）

黑龙门门址出土铁器

1. 10MZ1MD1③B：37-4

2. 10MZ1MD1③B：37-5

3. 10MZ1MD1③B：37-6

4. 10MZ1MD1③B：37-7

5. 10MZ1MD1③B：48

6. 10MZ1MD1③B：49

黑龙门门址出土铁圆帽钉

1. 10MZ1MD1③B：50

2. 10MZ1MD1③B：51

3. 10MZ1MD1③B：52

4. 10MZ1MD1③B：53

5. 10MZ1MD1③B：54

6. 10MZ1MD1③B：55

黑龙门门址出土铁圆帽钉

1. 10MZ1MD1③B：56

2. 10MZ1MD1③B：57

3. 10MZ1MD1③B：58

4. 10MZ1MD1③B：59

5. 10MZ1MD1③B：60

6. 10MZ1MD1③B：62

黑龙门门址出土铁圆帽钉

1. 10MZ1MD1③B：63

2. 10MZ1MD1③B：64

3. 10MZ1MD1③B：65

4. 10MZ1MD1③B：66

5. 10MZ1MD1③B：67

6. 10MZ1MD1③B：68

黑龙门门址出土铁圆帽钉

1. 10MZ1MD1③B：69

2. 10MZ1MD1③B：70

3. 10MZ1MD1③B：92

4. 10MZ1MD1⑤：1

5. 10MZ1MD1⑤：2

6. 10MZ1MD1⑤：3

黑龙门门址出土铁圆帽钉

1. 10MZ1MD1⑤：5

2. 10MZ1MD1⑤：6

3. 10MZ1MD1⑤：7

4. 10MZ1MD1⑤：8

5. 10MZ1MD1⑤：9

6. 10MZ1MD1⑤：10

黑龙门门址出土铁圆帽钉

1. 10MZ1MD1⑤：13-2

2. 10MZ1MD1⑤：14

3. 10MZ1MD1⑤：15

4. 10MZ1MD1⑤：16

5. 10MZ1MD1⑤：17

6. 10MZ1MD1⑤：18

黑龙门门址出土铁圆帽钉

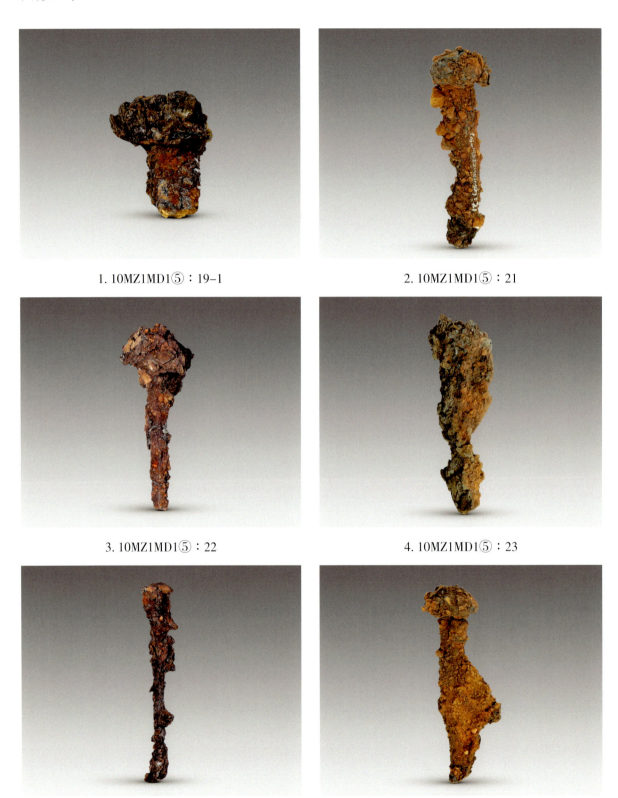

1. 10MZ1MD1⑤：19-1

2. 10MZ1MD1⑤：21

3. 10MZ1MD1⑤：22

4. 10MZ1MD1⑤：23

5. 10MZ1MD1⑤：24

6. 10MZ1MD1⑤：25

黑龙门门址出土铁圆帽钉

1. 10MZ1MD1⑤：26

2. 10MZ1MD1⑤：27

3. 10MZ1MD1⑤：28-1

4. 10MZ1MD1⑤：29-1

5. 10MZ1MD1⑤：30

6. 10MZ1MD1⑤：31

黑龙门门址出土铁圆帽钉

1. 10MZ1MD1⑤：32

2. 10MZ1MD1⑤：33

3. 10MZ1MD1⑤：34

4. 10MZ1MD1⑤：35

5. 10MZ1MD1⑤：36

6. 10MZ1MD1⑤：37

黑龙门门址出土铁圆帽钉

1. 10MZ1MD1⑤：39

2. 10MZ1MD1⑤：40

3. 10MZ1MD1⑤：41-1

4. 10MZ1MD1⑤：42

5. 10MZ1MD1⑤：43

6. 10MZ1MD1⑤：44-1

黑龙门门址出土铁圆帽钉

1. 10MZ1MD1⑤：45

2. 10MZ1MD1⑤：47-1

3. 10MZ1MD1⑤：48

4. 10MZ1MD1⑤：49-1

5. 10MZ1MD1⑤：49-2

6. 10MZ1MD1⑤：49-3

黑龙门门址出土铁圆帽钉

1. 10MZ1MD1⑤：50

2. 10MZ1MD1⑤：51

3. 10MZ1MD1⑤：52-1

4. 10MZ1MD1⑤：53-1

5. 10MZ1MD1⑤：56

6. 10MZ1MD1⑤：57

黑龙门门址出土铁圆帽钉

1. 10MZ1MD1⑤：58

2. 10MZ1MD1⑤：59

3. 10MZ1MD1⑤：62

4. 10MZ1MD2③B：5

5. 10MZ1MD2③B：32

6. 10MZ1MD2③B：33

黑龙门门址出土铁圆帽钉

1. 圆帽钉（10MZ1MD2③B：34）

2. 圆帽钉（10MZ1MD2③B：35）

3. 圆帽钉（10MZ1MD2③B：36）

4. 扁帽钉（09G1④：2-1）

5. 扁帽钉（09G1④：2-2）

6. 扁帽钉（09G1④：2-3）

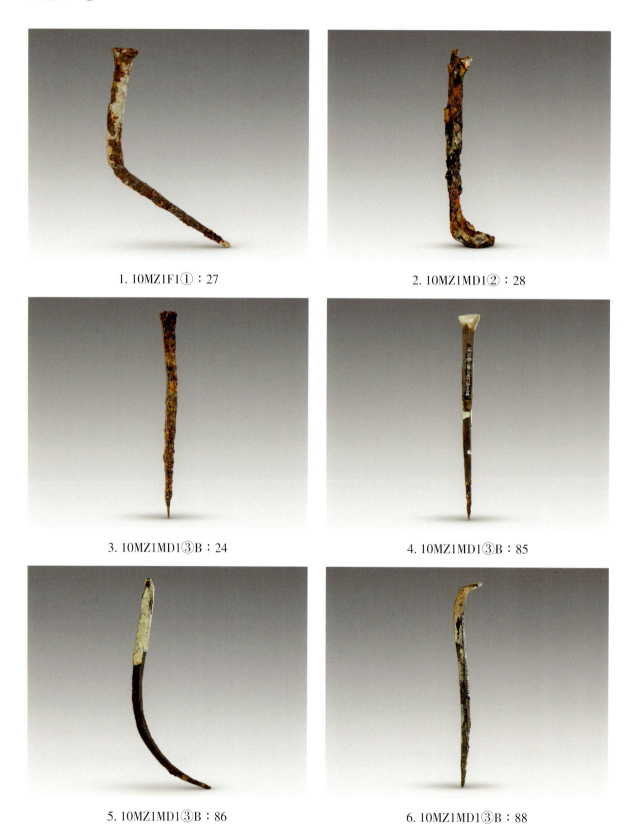

1. 10MZ1F1①：27

2. 10MZ1MD1②：28

3. 10MZ1MD1③B：24

4. 10MZ1MD1③B：85

5. 10MZ1MD1③B：86

6. 10MZ1MD1③B：88

黑龙门门址出土铁扁帽钉

1. 扁帽钉（10MZ1MD1③B：89）

2. 扁帽钉（10MZ1MD1③B：90）

3. 扁帽钉（10MZ1MD1③B：91）

4. 扁帽钉（10MZ1MD1③B：130）

5. 无帽钉（09G13③：9）

6. 无帽钉（10MZ1MD1②：27）

黑龙门门址出土铁钉

1. 无帽钉（10MZ1MD1②：29）

2. 无帽钉（10MZ1MD1②：33）

3. 鼻钉（10MZ1MD1⑤：54）

4. 钉残块（10MZ1MD1③B：61）

5. 钉残块（10MZ1MD1③B：131）

6. 钉残块（10MZ1MD1⑤：4-1）

黑龙门门址出土铁钉

1. 10MZ1MD1⑤：4-2

2. 10MZ1MD1⑤：4-3

3. 10MZ1MD1⑤：4-4

4. 10MZ1MD1⑤：4-5

5. 10MZ1MD1⑤：11

6. 10MZ1MD1⑤：12

黑龙门门址出土铁钉残块

1. 10MZ1MD1⑤：13-1

2. 10MZ1MD1⑤：19-2

3. 10MZ1MD1⑤：20

4. 10MZ1MD1⑤：28-2

5. 10MZ1MD1⑤：29-2

6. 10MZ1MD1⑤：38

黑龙门门址出土铁钉残块

1. 10MZ1MD1⑤：41-2

2. 10MZ1MD1⑤：41-3

3. 10MZ1MD1⑤：44-2

4. 10MZ1MD1⑤：44-3

5. 10MZ1MD1⑤：46-1

6. 10MZ1MD1⑤：46-2

黑龙门门址出土铁钉残块

1. 10MZ1MD1⑤：46-3

2. 10MZ1MD1⑤：46-4

3. 10MZ1MD1⑤：47-2

4. 10MZ1MD1⑤：52-2

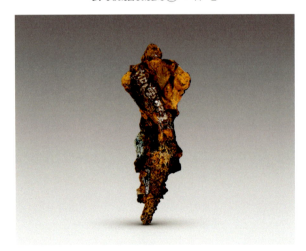

5. 10MZ1MD1⑤：53-2

6. 10MZ1MD1⑤：53-3

黑龙门门址出土铁钉残块

1. 10MZ1MD1⑤：55

2. 10MZ1MD2③B：6-1

3. 10MZ1MD2③B：6-2

4. 10MZ1MD1③B：33-1

5. 10MZ1MD2③B：6-3

6. 10MZ1MD2③B：6-3（侧）

黑龙门门址出土铁片

1. 铁片（10MZ1MD1③B：33-2）

2. 铁片（10MZ1MD1③B：33-3）

3. 铁片（10MZ1MD1③B：71）

4. 铁片（10MZ1MD1③B：72）

5. 陶刻花构件（10MZ1MD1③B：4）

6. 陶饼形器（10MZ1MD1③B：93）

黑龙门门址出土铁器、陶器

1. 09G3⑤：1-1

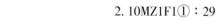

2. 10MZ1F1①：29

3. 10MZ1MD1③B：123

4. 10MZ1MD1③B：124

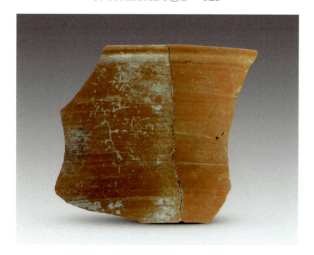

5. 10MZ1MD1③B：125

6. 10MZ1MD1③B：126

黑龙门门址出土陶器口沿

1. 口沿（10MZ1MD1③B：127）

2. 口沿（10MZ1MD1③B：128）

3. 器底（10MZ1MD2②A：1）

4. 器底（09G3④：3）

5. 篦点纹片（09G3⑤：2-1）

6. 篦点纹片（09G3⑤：2-2）

黑龙门门址出土陶器

1. 骨簪（10MZ1MD1③B：40） 　2. 骨器（10MZ1MD1②：32） 　3. 骨器（10MZ1MD1②：32）侧

4. 石夯头（09G4：1） 　　　　　　　5. 玉册（10MZ1F1①：24）

6. 开元通宝（10MZ1MD2③B：27） 　　　7. 开元通宝（10MZ1MD1③B：38）

黑龙门门址出土骨器、石夯头、玉册、铜钱

1. 淳化元宝（10MZ1MD2③B：1）

2. 景德元宝（10MZ1MD1③B：39）

3. 天禧通宝（10MZ1F1①：21）

4. 至和元宝（10MZ1东北坡道②：1）

5. 铜钱（10MZ1MD2③B：24）

6. 铜钱（10MZ1MD2③B：25）

黑龙门门址出土铜钱

1. 鸟纹板瓦（10MZ1F1①：10）

4. 板瓦（10MZ1F1①：2-1）

2. 鸟纹板瓦（10MZ1F1①：10）外

5. 板瓦（10MZ1F1①：2-1）外

3. 鸟纹板瓦（10MZ1F1①：10）内

6. 板瓦（10MZ1F1①：2-1）内

黑龙门门址出土板瓦

1. 刻划纹板瓦（10MZ1F1①：23）外　　　　2. 刻划纹板瓦（10MZ1F1①：23）内

3. 板瓦（10MZ1F1①：2-2）外　　　　4. 板瓦（10MZ1F1①：2-2）内

5. 板瓦（10MZ1F1①：6-1）　　　　6. 板瓦（10MZ1F1①：6-1）内

1. 10MZ1F1①：6-2

2. 10MZ1F1①：6-2（内）

3. 10MZ1F1①：6-3

4. 10MZ1F1①：6-3（内）

5. 10MZ1F1①：14

6. 10MZ1F1①：14（内）

黑龙门门址出土板瓦

1. 10MZ1F1①：17-1

2. 10MZ1F1①：17-1（内）

3. 10MZ1F1①：17-2

4. 10MZ1F1①：17-2（内）

5. 10MZ1F1①：18

6. 10MZ1F1①：18（内）

黑龙门门址出土板瓦

1. 板瓦（10MZ1F1①：48）

2. 板瓦（10MZ1F1①：48）内

3. 板瓦（10MZ1F1①：49）

4. 板瓦（10MZ1F1①：49）内

5. 板瓦残块（10MZ1F1①：17-3）外

6. 板瓦残块（10MZ1F1①：17-3）内

黑龙门门址出土板瓦

1. 板瓦残块（10MZ1F1①：54）

2. 板瓦残块（10MZ1F1①：54）内

3. 拍印纹筒瓦（10MZ1F1①：1）

4. 拍印纹筒瓦（10MZ1F1①：4）

5. 拍印纹筒瓦（10MZ1F1①：5）

6. 拍印纹筒瓦（10MZ1F1①：42）

黑龙门门址出土板瓦、筒瓦

1. 拍印纹筒瓦（10MZ1F1①：20）外

2. 拍印纹筒瓦（10MZ1F1①：20）内

3. 筒瓦（10MZ1MD1③B：95）

4. 筒瓦（10MZ1MD1③B：95）内

5. 筒瓦（10MZ1F1①：8）

6. 筒瓦（10MZ1F1①：8）内

黑龙门门址出土筒瓦

1. 10MZ1F1①：30

2. 10MZ1F1①：30（内）

3. 10MZ1F1①：31

4. 10MZ1F1①：31（内）

5. 10MZ1F1①：32

6. 10MZ1F1①：32（内）

黑龙门门址出土筒瓦

1. 10MZ1F1①：34

2. 10MZ1F1①：34（内）

3. 10MZ1F1①：36

4. 10MZ1F1①：36（内）

5. 10MZ1F1①：39

6. 10MZ1F1①：39（内）

黑龙门门址出土筒瓦

1. 筒瓦（10MZ1F1①：50）

2. 筒瓦（10MZ1F1①：50）内

3. 筒瓦残块（10MZ1F1①：33）

4. 筒瓦残块（10MZ1F1①：33）内

5. 筒瓦残块（10MZ1F1①：41）

6. 筒瓦残块（10MZ1F1①：41）内

黑龙门门址出土筒瓦

1. 10MZ1F1①：61（外）

2. 10MZ1F1①：61（侧）

3. 10MZ1F1①：35

4. 10MZ1F1①：35（内）

5. 10MZ1F1①：37

6. 10MZ1F1①：37（内）

黑龙门门址出土筒瓦残块

1. 10MZ1F1①：38

2. 10MZ1F1①：43

3. 10MZ1F1①：40

4. 10MZ1F1①：40（内）

5. 10MZ1F1①：44（侧）

6. 10MZ1F1①：45

黑龙门门址出土筒瓦残块

1. 兽面瓦当（10MZ1F1①：16）

2. 兽面瓦当（10MZ1F1①：16）背

3. 人面瓦当（10MZ1MD1②：14）

4. 莲花纹瓦当（10MZ1MD1③B：29）

5. 莲花纹瓦当（10MZ1MD1②：1）

6. 莲花纹瓦当（10MZ1MD1②：1）背

黑龙门门址出土瓦当

1. 10MZ1MD1②：11

2. 10MZ1MD1②：11（背）

3. 10MZ1MD1②：15

4. 10MZ1MD1②：16

5. 10MZ1MD1③B：82

6. 09G10②：1

黑龙门门址出土莲花纹瓦当

1. 10MZ1F1①：11

2. 10MZ1F1①：11（背）

3. 10MZ1MD1①：1

4. 10MZ1MD1①：1（背）

5. 10MZ1MD1③B：83

6. 10MZ1MD1③B：129

黑龙门门址出土莲花纹瓦当

1. 10MZ1MD2④：1

2. 10MZ1MD2④：1（背）

3. 09G13③：8

4. 09G13③：8（背）

5. 10MZ1MD1③B：80

6. 10MZ1MD2③B：26

黑龙门门址出土莲花纹瓦当

1. 10MZ1MD1③B：112

2. 09G3④：4-1

3. 09G3④：4-2

4. 09G3④：4-2（背）

5. 09G5②：1

6. 09G5②：2

黑龙门门址出土莲花纹瓦当

1. 09G13④：1

2. 09G13④：2

3. 10MZ1MD1②：30

4. 10MZ1MD1③B：17

5. 10MZ1F1①：3

6. 10MZ1F1①：3（背）

1. 10MZ1F1①：13

4. 10MZ1F1①：19

2. 10MZ1F1①：13（内）

5. 10MZ1F1①：26

3. 10MZ1F1①：13（外）

6. 09G1④：1

黑龙门门址出土莲花纹瓦当

1. 莲花纹瓦当（10MZ1F1①：7）

2. 莲花纹瓦当（10MZ1F1①：7）内

3. 几何纹瓦当（09G3④：4-3）

4. 几何纹瓦当（09G3④：4-3）背

5. 几何纹瓦当（09G6②：2）

6. 几何纹瓦当（09G6②：2）背

黑龙门门址出土瓦当

1. 10MZ1MD1②：17

2. 10MZ1MD1②：4

3. 10MZ1MD1②：18

4. 10MZ1MD1③B：81

5. 10MZ1MD1③B：84

6. 10MZ1MD1③B：111

黑龙门门址出土几何纹瓦当

1. 09G3④：2

2. 10MZ1MD1②：3

3. 09G13③：1

4. 09G13③：1（背）

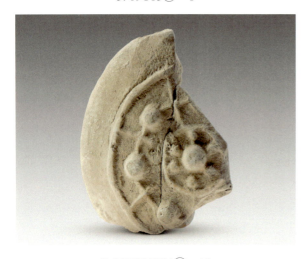

5. 10MZ1MD1②：19

6. 10MZ1MD1③B：114

黑龙门门址出土几何纹瓦当

1. 几何纹瓦当（10MZ1F1①：25）

2. 几何纹瓦当（10MZ1MD1③B：113）

3. 几何纹瓦当（10MZ1MD1④：1）

4. 几何纹瓦当（10MZ1MD1④：1）背

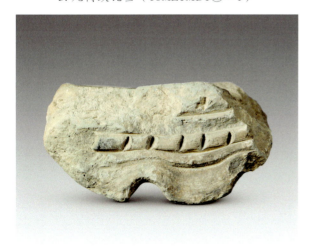

5. 滴水（09G2③：2）

6. 滴水（09G3④：1）

黑龙门门址出土瓦当、滴水

1. 09G1②：1-1

2. 09G1②：1-1（内）

4. 09G2③：1

3. 09G1②：1-1（侧）

5. 09G2③：1（内）

6. 09G2③：1（侧）

黑龙门门址出土滴水

1. 09G5②：3

2. 09G13③：2

3. 09G13③：3

4. 09G13③：4

5. 09G13③：6

6. 09G13③：7

黑龙门门址出土滴水

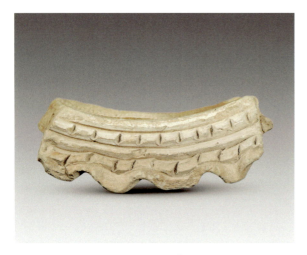

1. 10MZ1MD1②：20

2. 10MZ1MD1②：20（侧）

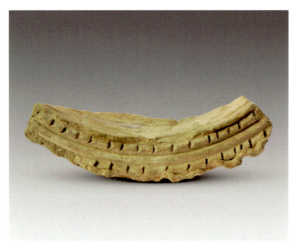

3. 10MZ1MD1②：21

4. 10MZ1MD1③B：77

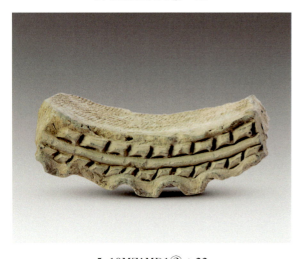

5. 10MZ1MD1②：22

6. 10MZ1MD1②：22（外）

黑龙门门址出土滴水

1. 10MZ1MD1③B：78

2. 10MZ1MD1③B：79

3. 10MZ1MD1③B：115

4. 10MZ1MD1③B：117

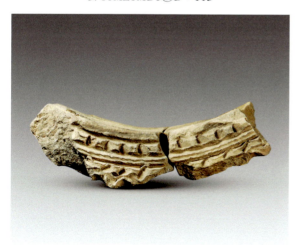

5. 10MZ1MD1③B：116

6. 10MZ1MD1③B：116（侧）

黑龙门门址出土滴水

1. 10MZ1MD1③B：119

2. 10MZ1MD1③B：120

3. 10MZ1MD1③B：122

4. 10MZ1F1①：51

5. 10MZ1F1①：51（外）

6. 10MZ1F1①：51（内）

黑龙门门址出土滴水

1. 10MZ1F1①：52

2. 10MZ1F1①：53

3. 10MZ1F1①：58

4. 10MZ1F1①：58（内）

5. 10MZ1F1①：58（侧）

6. 10MZ1F1①：59

黑龙门门址出土滴水

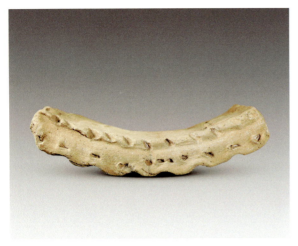

1. 10MZ1F1①：60

2. 10MZ1F1①：60（内）

3. 10MZ1F1①：60（侧）

4. 10MZ1③：4

5. 10MZ1东北坡道②：2

6. 10MZ1东北坡道②：2（内）

黑龙门门址出土滴水

1. 09G1②：1-2

2. 09G1②：1-2（内）

3. 09G1②：1-2（外）

4. 09G1②：1-2（侧）

5. 10MZ1MD1②：31

6. 10MZ1MD1③B：121

黑龙门门址出土滴水

1. 09G5②：4

4. 10MZ1MD2④：2

2. 09G5②：4（外）

5. 10MZ1F1①：55

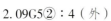

3. 09G5②：4（侧）

6. 10MZ1F1①：56

黑龙门门址出土滴水

1. 10MZ1F1①：57

4. 09G5②：5

2. 10MZ1F1①：57（内）

5. 09G5②：5（内）

3. 10MZ1F1①：57（侧）

6. 09G13③：5

黑龙门门址出土滴水

1. 滴水（10MZ1MD1③B：118）

2. 滴水（10MZ1③：3）

3. 滴水（10MZ1F1①：9）

4. 滴水（10MZ1F1①：9）内

5. 垒脊瓦（10MZ1F1①：46）

6. 垒脊瓦（10MZ1F1①：46）内

黑龙门门址出土滴水、垒脊瓦

1. 垒脊瓦（10MZ1F1①：47）

2. 垒脊瓦（10MZ1F1①：47）内

3. 鸱吻（10MZ1MD1②：8）

4. 鸱吻（10MZ1MD1②：25）

5. 鸱吻（10MZ1MD1③B：27）

6. 鸱吻（10MZ1MD1③B：75）

黑龙门门址出土垒脊瓦、鸱吻

1. 10MZ1F1①：12-1

2. 10MZ1F1①：12-2

3. 09G3②：1-1

4. 09G3②：1-2

5. 10MZ1MD1②：2

6. 10MZ1MD1②：6

黑龙门门址出土鸱吻

1. 10MZ1MD1②：7

2. 10MZ1MD1②：10

3. 10MZ1MD1②：12

4. 10MZ1MD1②：13

5. 10MZ1MD1②：24

6. 10MZ1MD1②：26

黑龙门门址出土鸱吻

1. 10MZ1MD1③B：3

2. 10MZ1MD1③B：16-1

3. 10MZ1MD1③B：16-2

4. 10MZ1MD1③B：28

5. 10MZ1MD1③B：16-3

6. 10MZ1MD1③B：16-3（侧）

黑龙门门址出土鸱吻

1. 鸱吻（10MZ1MD1③B：76）

4. 兽头（10MZ1F1①：15）正

2. 鸱吻（10MZ1MD2③B：3）

5. 兽头（10MZ1F1①：15）侧

3. 鸱兽残块（09G2③：3）

6. 兽头（10MZ1F1①：15）背

黑龙门门址出土鸱兽

1. 兽头（10MZ1MD1②：5）

2. 兽头（10MZ1MD1②：5）

3. 兽头（10MZ1F1①：22）

4. 兽头（10MZ1F1①：22）

5. 鸱兽残块（09G3②：1–3）

6. 鸱兽残块（10MZ1MD1②：23）

黑龙门门址出土鸱兽

1. 文字砖（10MZ1MD1③B：25）

2. 土坯（10MZ1MD1③B：41）

3. 刻划砖（10MZ1MD1③B：110）

4. 刻划砖（10MZ1MD1③B：110）

5. 刻划砖（10MZ1MD2③B：37）

6. 刻划砖（10MZ1MD2③B：37）

黑龙门门址出土砖、土坯

1. 菱纹砖（09G2⑤：2）

2. 菱纹砖（09G2⑤：2）

3. 菱纹砖（09G13③：10）

4. 菱纹砖（09G13③：10）

5. 斜面砖（10MZ1MD1③B：94）

6. 斜面砖（10MZ1MD1③B：94）

黑龙门门址出土砖

1. 10MZ1MD1②：9

2. 10MZ1MD1③B：1

3. 10MZ1MD1③B：2

4. 10MZ1MD1③B：5

5. 10MZ1MD1③B：6

6. 10MZ1MD1③B：7

黑龙门门址出土壁画残块

1. 10MZ1MD1③B：8

2. 10MZ1MD1③B：9

3. 10MZ1MD1③B：10

4. 10MZ1MD1③B：11

5. 10MZ1MD1③B：12

6. 10MZ1MD1③B：13

黑龙门门址出土壁画残块

1. 10MZ1MD1③B：14

2. 10MZ1MD1③B：15

3. 10MZ1MD1③B：18

4. 10MZ1MD1③B：19

5. 10MZ1MD1③B：20

6. 10MZ1MD1③B：21

黑龙门门址出土壁画残块

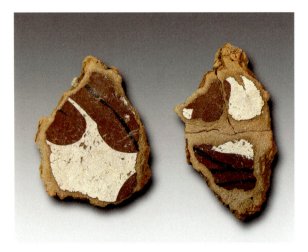

1. 10MZ1MD1③B：22

2. 10MZ1MD1③B：23

3. 10MZ1MD1③B：26

4. 10MZ1MD1③B：30

5. 10MZ1MD1③B：31

6. 10MZ1MD1③B：32

黑龙门门址出土壁画残块

1. 10MZ1MD1③B：34

2. 10MZ1MD1③B：36

3. 10MZ1MD1③B：42

4. 10MZ1MD1③B：43

5. 10MZ1MD1③B：44

6. 10MZ1MD1③B：45

黑龙门门址出土壁画残块

1. 10MZ1MD1③B：46

2. 10MZ1MD1③B：47

3. 10MZ1MD1③B：73

4. 10MZ1MD1③B：74

5. 10MZ1MD2③B：2

6. 10MZ1MD2③B：4

黑龙门门址出土壁画残块

1. 壁画残块（10MZ1F1①：28）

2. 铁钉（10MZ1T36③：3）

3. 铜器口沿（10MZ1T36②：3）

4. 瓷牛腿瓶口沿（10MZ1MD1墩台北①：2）

5. 釉陶口沿（10MZ1MD1墩台北②：1）

6. 陶器口沿（10MZ1MD2②A：2）

黑龙门出土壁画残块、铁器、铜器、瓷器、陶器

1. 陶纺轮（10MZ1T36③：2）

2. 陶纺轮（10MZ1T47②：4）

3. 陶构件（10MZ1T36②：8）

4. 石臼（10MZ1T47②：1）

5. 石夯头（10MZ1TG4②：1）

6. 石夯头（10MZ1TG4②：1）

黑龙门表土层及门址外出土陶器、石制品

1. 皇宋通宝（10MZ1T36②：4）

2. 至道元宝（10MZ1T44①：1）

3. 板瓦（10MZ1T44①：2）外

4. 板瓦（10MZ1T56①：7）内

5. 板瓦（10MZ1T56①：1）

6. 板瓦（10MZ1T56①：1）内

黑龙门表土层及门址外出土铜钱、板瓦

1. 10MZ1T36②：2

2. 10MZ1T55①：3

3. 10MZ1T44②：1（外）

4. 10MZ1T44②：1（内）

5. 10MZ1T56①：6

6. 10MZ1T56①：6（内）

黑龙门表土层及门址外出土筒瓦

1. 筒瓦（10MZ1T56①：12）

4. 人面瓦当（10MZ1T45①：1）

2. 筒瓦（10MZ1T56①：12）外

5. 莲花纹瓦当（10MZ1T43④：3）

3. 筒瓦（10MZ1T56①：12）内

6. 莲花纹瓦当（10MZ1TG1②：2）

黑龙门表土层及门址外出土筒瓦、瓦当

1. 10MZ1墩台北①：1

2. 10MZ1TG1②：1

3. 10MZ1T35③：1

4. 10MZ1T36②：1

5. 10MZ1T35③：2

6. 10MZ1T35③：2（背）

黑龙门表土层及门址外出土莲花纹瓦当

1. 10MZ1T36③：1

2. 10MZ1T55①：1

3. 10MZ1T43④：1

4. 10MZ1T43④：1（背）

5. 10MZ1T43④：2

6. 10MZ1T43④：2（背）

黑龙门表土层及门址外出土莲花纹瓦当

1. 莲花纹瓦当（10MZ1T55①：4）

2. 莲花纹瓦当（10MZ1T55①：4）背

3. 莲花纹瓦当（10MZ1T56①：2）

4. 滴水（10MZ1T35③：3）

5. 几何纹瓦当（10MZ1T55①：2）

6. 几何纹瓦当（10MZ1T55①：2）背

黑龙门表土层及门址外出土瓦当、滴水

1. 10MZ1T37①：1

2. 10MZ1T47②：2

3. 10MZ1T56①：9

4. 10MZ1T56①：10

5. 10MZ1T56①：13

6. 10MZ1T56①：13（背）

黑龙门表土层及门址外出土滴水

图版二七二

1. 滴水（10MZ1T56①：11）

2. 滴水（10MZ1T56①：4）

3. 垒脊瓦（10MZ1T56①：8）

4. 垒脊瓦（10MZ1T56①：8）内

5. 鸱吻（03MZ1：采1）

6. 鸱吻（03MZ1：采1）背

黑龙门表土层及门址外出土滴水、垒脊瓦、鸱吻

1. 鸱吻（10MZ1T56①：3–3）

2. 鸱吻（10MZ1T56①：5）

3. 鸱兽残块（10MZ1T47②：3）

4. 鸱兽残块（10MZ1T56①：3–1）

5. 鸱兽残块（10MZ1T56①：3–2）

黑龙门表土层及门址外出土鸱兽

1. 爪印砖（10MZ1T36②：9）

2. 爪印砖（10MZ1T36②：9）

3. 棋盘砖（10MZ1T36②：5）

4. 棋盘砖（10MZ1T36②：5）

5. 棋盘砖（10MZ1T36②：7）

6. 棋盘砖（10MZ1T36②：7）

黑龙门表土层及门址外出土砖

1. 长方形沟纹砖（10MZ1T36②：6）

2. 长方形沟纹砖（10MZ1T36②：6）

3. 长方形菱纹砖（03MZ1：采2）

4. 长方形菱纹砖（03MZ1：采2）

5. 长方形菱纹砖（10MZ1T36①：1）

6. 长方形菱纹砖（10MZ1T36①：1）

黑龙门表土层及门址外出土砖

甲组建筑基址发掘前地貌（南—北）

1. 倒塌堆积（南—北）

2. 石僧人像出土情况

甲组建筑基址西基址

甲组建筑基址（下为南）

甲组建筑基址西基址全景（下为南）

1. 月台（西南—东北）

2. 台基东侧边壁包砖（东南—西北）

甲组建筑基址西基址

1. 北侧散水（西—东）

2. S2石柱础

3. 东慢道（南—北）

甲组建筑基址西基址

1. S5石柱础榫口（南—北）　　　　　　　2. 西墙内S8、S12石柱础（南—北）

1. 西墙墙基（北—南）

2. 西墙及其外侧通气孔（西—东）

甲组建筑基址西基址

1. 西基址S11柱础石局部解剖（南—北）

2. 北基址全景（南—北）

甲组建筑基址

甲组建筑基址北基址全景（下为南）

1. 慢道（南—北）

2. 东偏间南S5石柱础

3. 东偏间南S4石柱础

甲组建筑基址北基址

1. 东偏间与西正间过门石（西—东）

2. 东偏间J2E1晚期地面（北—南）

甲组建筑基址北基址

1. 石臼出土情况（南—北）

2. 半地穴操作间（J2E1F1）（东—西）

甲组建筑基址北基址东偏间

1. 半地穴操作间过门石（北—南）

3. 西正间南S3石柱础

2. 半地穴操作间地面局部

4. 西正间南S2石柱础

5. 西正间南S1石柱础

甲组建筑基址北基址

1. 北墙和炕面（西—东）

2. 北墙内石柱础

甲组建筑基址北基址西正间

1. 北墙内石柱础和木柱残迹

2. 北炕面局部（东—西）

甲组建筑基址北基址西正间

1. 北炕面局部（南—北）

2. 西炕面（北—南）

甲组建筑基址北基址西正间

1. 南炕面局部（东—西）

3. 西北角烟囱（北—南）

2. 南炕烟道内出土铁刀

甲组建筑基址北基址西正间

1. 东—西

2. 北侧明火坑Z3（南—北）

甲组建筑基址北基址西正间

1. 2008G1（北—南）   2. 2008G2（西—东）

甲组建筑基址东基址探沟

图版二九六

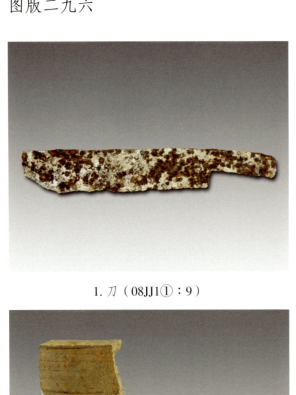

1. 刀（08JJ1①：9）

2. 刮刀（08JJ1①：28）

3. 锅（08JJ1①：14）

4. 锅（08JJ1①：79）

5. 马镫（08JJ1①：24）

6. 马镫（08JJ1①：25）

甲组建筑基址西基址出土铁器

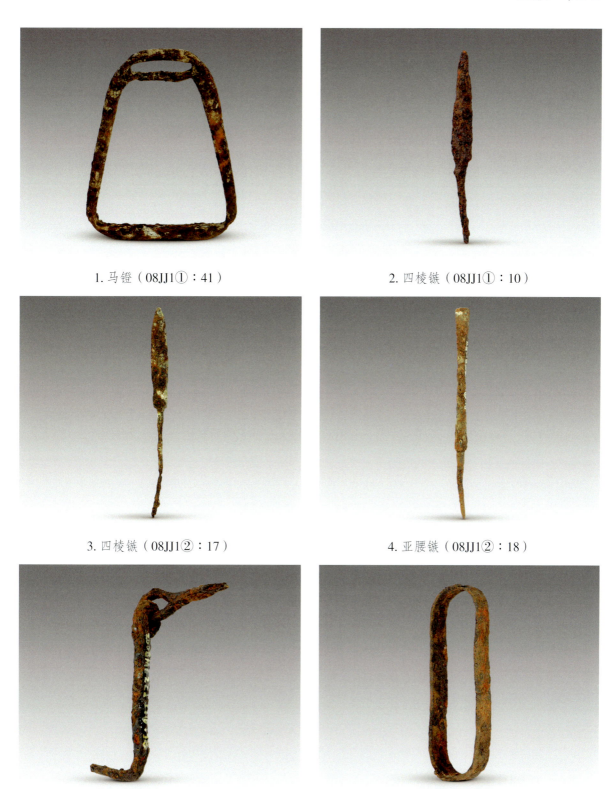

1. 马镫（08JJ1①：41）

2. 四棱镞（08JJ1①：10）

3. 四棱镞（08JJ1②：17）

4. 亚腰镞（08JJ1②：18）

5. 钩（08JJ1①：38）

6. 带环（08JJ1①：31）

甲组建筑基址西基址出土铁器

1. 带环（08JJ1②：6）

2. 饰件（08JJ1①：43-1）

3. 饰件（08JJ1①：43-2）

4. 饰件（08JJ1①：76）

5. 饰件（08JJ1①：77）

6. 圆帽钉（08JJ1①：3）

甲组建筑基址西基址出土铁器

1. 折帽钉（08JJ1①：1）

2. 折帽钉（08JJ1②：28-2）

3. 带环鼻钉（08JJ1①：47）

4. 带环鼻钉（08JJ1②：8）

5. 带环鼻钉（08JJ1②：19）

6. 铁器（08JJ1①：82）

甲组建筑基址西基址出土铁器

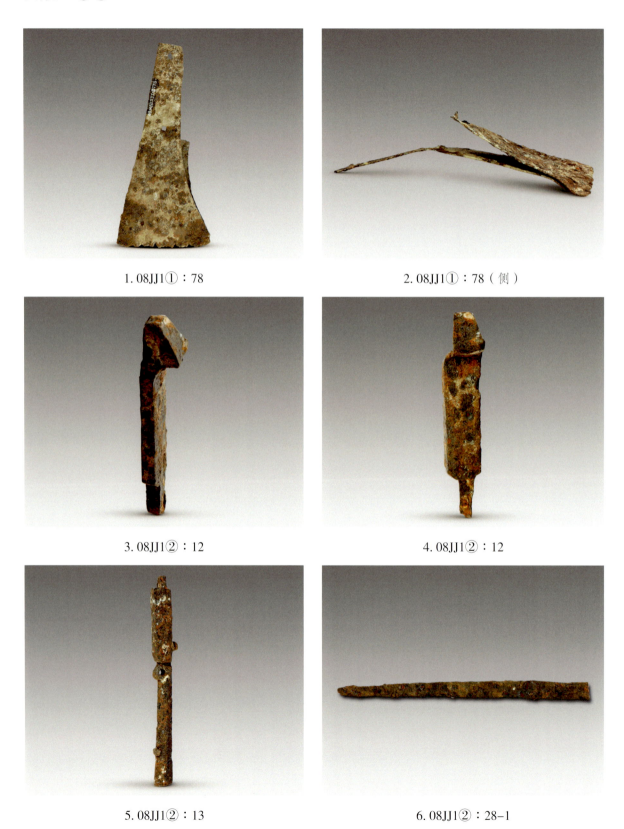

1. 08JJ1①：78

2. 08JJ1①：78（侧）

3. 08JJ1②：12

4. 08JJ1②：12

5. 08JJ1②：13

6. 08JJ1②：28-1

甲组建筑基址西基址出土铁器

1. 铜鱼（08JJ1①：44）

2. 圆形莲花纹铜器（08JJ1①：23）

3. 芒口瓷盘（08JJ1①：50）

4. 芒口瓷盘（08JJ1①：50）俯视

5. 鸡腿瓷瓶底（08JJ1①：69）

6. 瓷瓶残片（08JJ1①：67）

甲组建筑基址西基址出土铜器、瓷器

1. 瓷器口沿（08JJ1①：80）

2. 瓷器口沿（08JJ1①：81）

3. 瓷器底（08JJ1①：68）

4. 陶围棋子（08JJ1①：4）

5. 骨骰子（08JJ1①：11）

6. 骨器（08JJ1②：10）

甲组建筑基址西基址出土瓷器、陶器、骨器

甲组建筑基址西基址出土石像（08JJ1①：2）

1. 像（08JJ1①：26）正

2. 像（08JJ1①：26）背

3. 饰件（08JJ1①：42）

4. 构件残块（08JJ1①：48）

5. 构件残块（08JJ1①：49）

6. 构件残块（08JJ1①：75）

甲组建筑基址西基址出土石制品

1. 大泉五十（08JJ1②：16）

2. 开元通宝（08JJ1①：30）

3. 开元通宝（08JJ1①：37）

4. 开元通宝（08JJ1①：39）

5. 开元通宝（08JJ1②：2）

6. 开元通宝（08JJ1②：14）

7. 太平通宝（08JJ1②：9）

8. 景德元宝（08JJ1②：24）

9. 天禧通宝（08JJ1①：40）

甲组建筑基址西基址出土铜钱

1. 天圣元宝（08JJ1②：21）

2. 景祐元宝（08JJ1②：11）

3. 皇宋通宝（08JJ1②：4）

4. 皇宋通宝（08JJ1②：5）

5. 熙宁元宝（08JJ1②：22）

6. 元丰通宝（08JJ1①：27）

7. 元丰通宝（08JJ1②：7）

8. 元祐通宝（08JJ1①：采1）

9. 元祐通宝（08JJ1①：29）

甲组建筑基址西基址出土铜钱

1. 元祐通宝（08JJ1②：1）

2. 圣宋元宝（08JJ1②：25）

3. 元符通宝（08JJ1②：3）

4. 政和通宝（08JJ1②：23）

5. 文字板瓦（08JJ1①：12）

6. 文字板瓦（08JJ1①：21）

甲组建筑基址西基址出土铜钱、板瓦

1. 文字板瓦（08JJ1①：22）

2. 罗汉像板瓦（08JJ1①：16）

3. 罗汉像板瓦（08JJ1①：33）

4. 罗汉像板瓦（08JJ1①：34）

5. 刻划纹板瓦（08JJ1①：35）

6. 刻划纹筒瓦（08JJ1②：26）

甲组建筑基址西基址出土板瓦、筒瓦

1. 08JJ1①：51

2. 08JJ1①：51（内）

3. 08JJ1①：52

4. 08JJ1①：52（内）

5. 08JJ1①：54

6. 08JJ1①：54（内）

甲组建筑基址西基址出土筒瓦

1. 08JJ1①：56

2. 08JJ1①：56（内）

3. 08JJ1①：53

4. 08JJ1①：53（内）

5. 08JJ1①：55

6. 08JJ1①：55（外）

甲组建筑基址西基址出土筒瓦

1. 筒瓦（08JJ1①：55）内

2. 兽面瓦当（08JJ1①：5）

3. 兽面瓦当（08JJ1①：7）

4. 兽面瓦当（08JJ1①：7）背

5. 兽面瓦当（08JJ1①：8）

6. 兽面瓦当（08JJ1①：8）背

甲组建筑基址西基址出土筒瓦、瓦当

1. 08JJ1①：17

4. 08JJ1①：32

2. 08JJ1①：17（侧）

5. 08JJ1①：32（背）

3. 08JJ1①：17（内）

6. 08JJ1①：13

甲组建筑基址西基址出土兽面瓦当

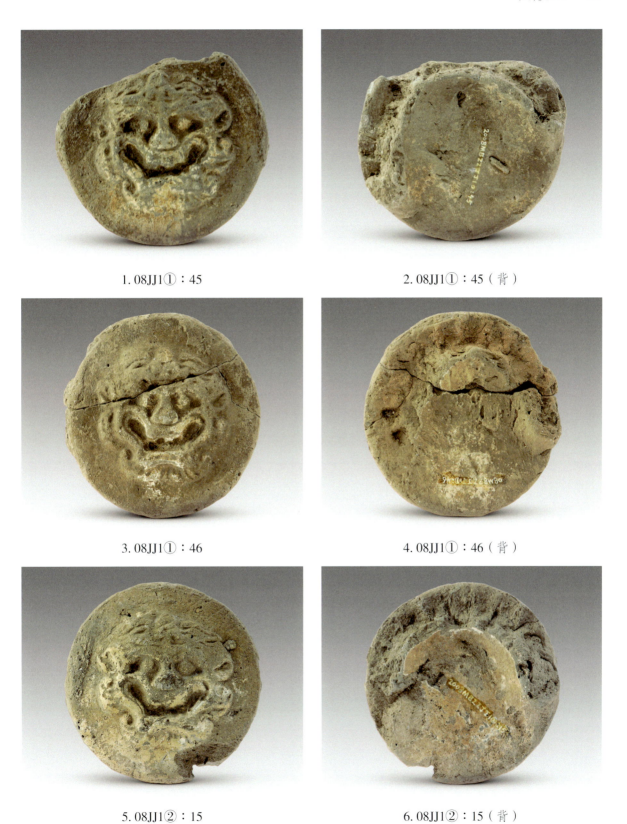

1. 08JJ1①：45

2. 08JJ1①：45（背）

3. 08JJ1①：46

4. 08JJ1①：46（背）

5. 08JJ1②：15

6. 08JJ1②：15（背）

甲组建筑基址西基址出土兽面瓦当

1. 08JJ1①：15

2. 08JJ1③：3

3. 08JJ1①：19

4. 08JJ1①：19（内）

5. 08JJ1②：20

6. 08JJ1②：20（背）

甲组建筑基址西基址出土兽面瓦当

1.兽面瓦当（08JJ1②：29）

2.瓦当残块（08JJ1①：57）

3.滴水（08JJ1①：20）

4.滴水（08JJ1①：20）内

5.滴水（08JJ1①：58）

6.滴水（08JJ1①：58）外

甲组建筑基址西基址出土瓦当、滴水

1. 08JJ1①：59

3. 08JJ1①：61

4. 08JJ1①：62

2. 08JJ1①：60

5. 08JJ1①：63

6. 08JJ1①：63（内）

甲组建筑基址西基址出土滴水

1. 滴水（08JJ1①：64）

4. 滴水（08JJ1③：2）

2. 滴水（08JJ1①：64）内

5. 滴水（08JJ1③：2）侧

3. 滴水（08JJ1①：64）侧

6. 鸱吻（08JJ1①：18）

甲组建筑基址西基址出土滴水、鸱吻

1. 鸱吻（08JJ1①：65）

2. 鸱吻（08JJ1①：70）

3. 鸱吻（08JJ1①：66）

4. 鸱吻（08JJ1①：66）背

5. 鸱吻（08JJ1①：72）

6. 兽头（08JJ1①：71）

甲组建筑基址西基址出土鸱兽

1. 08JJ1①：74

2. 08JJ1①：74（侧）

3. 08JJ1③：1

4. 08JJ1③：1（背）

甲组建筑基址西基址出土鸱吻

1. 兽头（08JJ1①：73）

2. 兽头（08JJ1②：27）

3. 长方形沟纹砖（08JJ1③：4）

4. 长方形沟纹砖（08JJ1③：4）

5. 长方形沟纹砖（08JJ1③：10）

6. 长方形沟纹砖（08JJ1③：10）

甲组建筑基址西基址出土鸱兽、砖

1. 08JJ1③：9

2. 08JJ1③：9

3. 08JJ1③：5

4. 08JJ1③：5

5. 08JJ1③：6

6. 08JJ1③：6

7. 08JJ1③：7

8. 08JJ1③：7

甲组建筑基址西基址出土长方形沟纹砖

图版三二二

1. 长方形素面砖（08JJ1③：8）

2. 石碑残块（08JJ1①：6）

3. 石碑残块（08JJ1①：36）

4. 铁锅（08T22②：2）

5. 铁丸（08T32②：1）

6. 铁扁帽钉（08T20②：1）

7. 铁鼻钉（08T31②：3）

甲组建筑基址西基址出土砖、石碑残块、铁器

1. 瓷碗（08T10①：1）

2. 瓷碗（08T10①：1）俯视

3. 瓷碗（08T21①：1）

4. 瓷碗（08T21①：1）俯视

5. 瓷盘（08T11①：5）

6. 石构件（08T21②：1）

甲组建筑基址西基址表土层及基址外出土瓷器、石制品

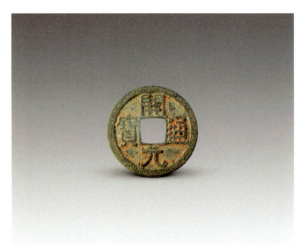

1. 石棋子（08T11①：4）　　　　　2. 开元通宝（08T11①：1）

3. 开元通宝（08T11①：2）　　4. 元丰通宝（08T12①：1）　　5. 圣宋元宝（08T31②：1）

6. □元通宝（08T11①：3）　　　　7. 佛字板瓦（08T32②：4）

甲组建筑基址西基址表土层及基址外出土石制品、铜钱、板瓦

1. 刻划纹板瓦（08T32②：3）外

2. 刻划纹板瓦（08T32②：3）内

3. 手印纹板瓦（08T32②：2）外

4. 手印纹板瓦（08T32②：2）内

5. 指压纹板瓦（08T32①：1）

6. 指压纹板瓦（08T32①：1）外

7. 指压纹板瓦（08T32①：1）内

甲组建筑基址西基址表土层及基址外出土板瓦

1. 兽面瓦当（04JJ1：采1）

2. 兽面瓦当（08T31②：2）

3. 兽面瓦当（08T22②：1）

4. 石碑残块（08T21②：2）

5. 铁锅（08JJ2①：25）

6. 铁锅（08JJ2①：48）

7. 铁锅（08JJ2①：97）

甲组建筑基址西基址表土层及基址外出土瓦当、石碑残块，北基址出土铁器

1. 锅（08JJ2②：27）

2. 锅（08JJ2②：30-1）

3. 锅（08JJ2②：32）

4. 锅（08JJ2②：42）

5. 锅（08JJ2②：50）

6. 菜刀（08JJ2①：75）

甲组建筑基址北基址出土铁器

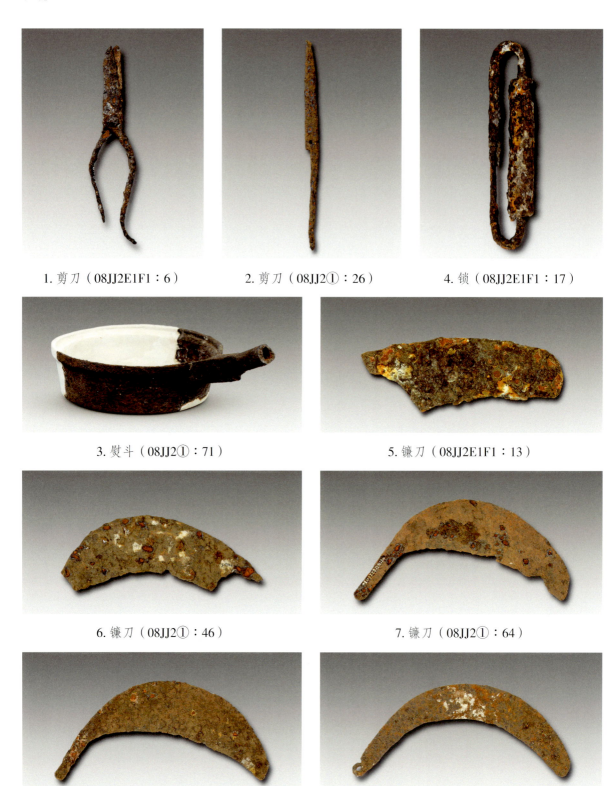

1. 剪刀（08JJ2E1F1：6）　　2. 剪刀（08JJ2①：26）　　4. 锁（08JJ2E1F1：17）

3. 熨斗（08JJ2①：71）　　　　5. 镰刀（08JJ2E1F1：13）

6. 镰刀（08JJ2①：46）　　　　7. 镰刀（08JJ2①：64）

8. 镰刀（08JJ2②：28）　　　　9. 镰刀（08JJ2②：33）

甲组建筑基址北基址出土铁器

1. 镰刀（08JJ2②：45）

2. 镰刀（08JJ2②：51）

3. 铲（08JJ2②：47）

4. 铲（08JJ2②：47）

5. 斧（08JJ2E1F1：1）

6. 斧（08JJ2E1F1：1）

甲组建筑基址北基址出土铁器

1. 斧（08JJ2①：59）

2. 锯（08JJ2E1F1：11）

3. 钳子（08JJ2②：25）

4. 长刀（08JJ2②：21）

5. 矛（08JJ2①：3）

6. 长刀（08JJ2②：22）

甲组建筑基址北基址出土铁器

1. 矛（08JJ2①：70）　　　　4. 矛（08JJ2②：53）　　　　3. 矛（08JJ2②：52）

2. 矛（08JJ2②：24）

5. 扇形镞（08JJ2E1F1：2）　　6. 扇形镞（08JJ2①：60）　　7. 扇形镞（08JJ2①：63）

甲组建筑基址北基址出土铁器

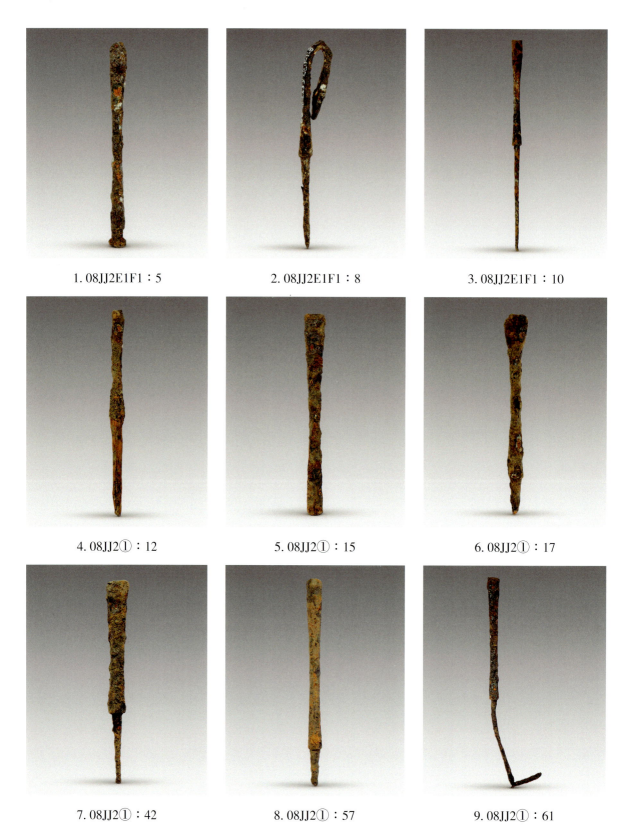

1. 08JJ2E1F1∶5

2. 08JJ2E1F1∶8

3. 08JJ2E1F1∶10

4. 08JJ2①∶12

5. 08JJ2①∶15

6. 08JJ2①∶17

7. 08JJ2①∶42

8. 08JJ2①∶57

9. 08JJ2①∶61

甲组建筑基址北基址出土铁亚腰镢

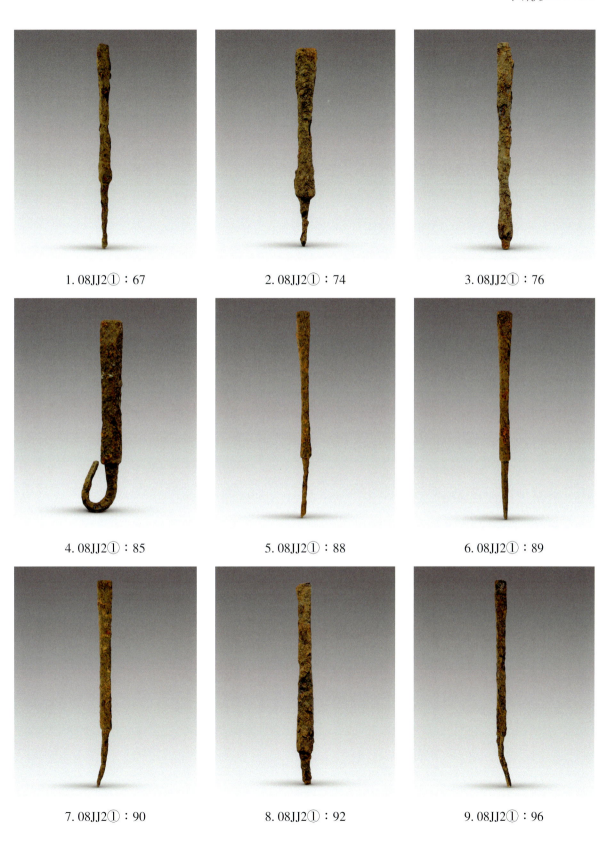

1. 08JJ2①：67 2. 08JJ2①：74 3. 08JJ2①：76

4. 08JJ2①：85 5. 08JJ2①：88 6. 08JJ2①：89

7. 08JJ2①：90 8. 08JJ2①：92 9. 08JJ2①：96

甲组建筑基址北基址出土铁亚腰镞

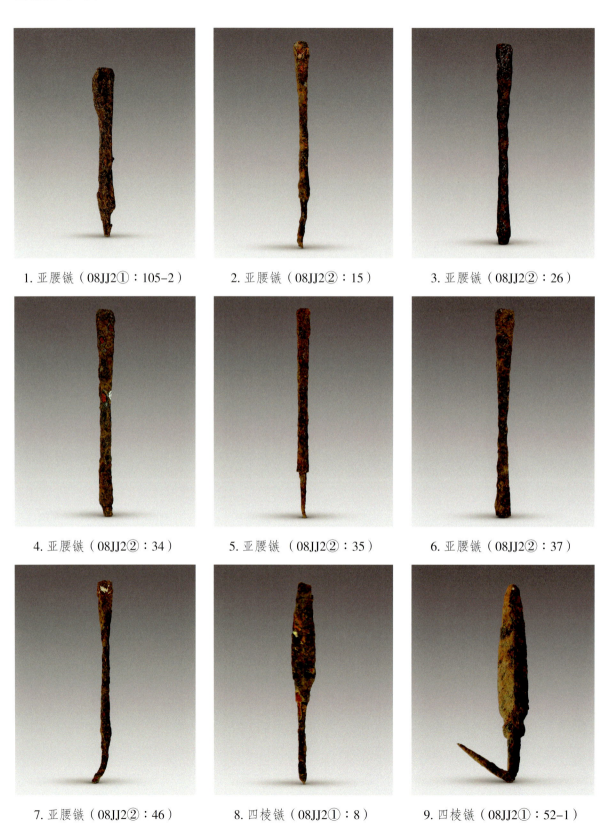

1. 亚腰镞（08JJ2①：105-2）　　2. 亚腰镞（08JJ2②：15）　　3. 亚腰镞（08JJ2②：26）

4. 亚腰镞（08JJ2②：34）　　5. 亚腰镞 （08JJ2②：35）　　6. 亚腰镞（08JJ2②：37）

7. 亚腰镞（08JJ2②：46）　　8. 四棱镞（08JJ2①：8）　　9. 四棱镞（08JJ2①：52-1）

1. 四棱镞（08JJ2①：83）

2. 四棱镞（08JJ2②：4）

3. 四棱镞（08JJ2②：11）

4. 镞残件（08JJ2①：105-1）

5. 马镫（08JJ2①：66）

6. 马镫（08JJ2①：73）

7. 车辖（08JJ2①：100）

甲组建筑基址北基址出土铁器

1. 带扣（08JJ2①：95）

2. 圈形环（08JJ2②：18）

3. 圈形环（08JJ2①：31）

4. 带扣形环（08JJ2①：38）

5. 带扣形环（08JJ2①：40）

6. 附耳环（08JJ2E1F1：4）

甲组建筑基址北基址出土铁器

1. 附耳环（08JJ2①：29）　　2. 甲片（08JJ2E1F1：29-1）　　3. 甲片（08JJ2E1F1：29-2）

4. 甲片（08JJ2E1F1：30-1）　　5. 甲片（08JJ2E1F1：30-2）　　6. 甲片（08JJ2①：14）

7. 甲片（08JJ2①：53-1）　　8. 甲片（08JJ2①：53-2）　　9. 甲片（08JJ2①：53-3）

甲组建筑基址北基址出土铁器

1. 甲片（08JJ2①：86-1）   2. 甲片（08JJ2①：86-2）

3. 甲片（08JJ2①：86-3）   4. 甲片（08JJ2①：87-1）

5. 甲片（08JJ2①：87-2）   6. 甲片（08JJ2①：87-3）

7. 甲片（08JJ2①：87-4）   8. 甲片（08JJ2②：19）

9. 鼻钉（08JJ2②：9）   10. 鼻钉（08JJ2②：10）

甲组建筑基址北基址出土铁器

1. 鼻钉（08JJ2②：29）

2. 圆帽钉（08JJ2①：82）

3. "T"形钉（08JJ2①：47）

4. 片状构件（08JJ2②：36）

5. 片状带孔构件（08JJ2①：13）

6. 片状带孔构件（08JJ2②：31）

甲组建筑基址北基址出土铁器

1. 片状带孔构件（08JJ2②：44）

2. 条状带环构件（08JJ2①：98）

3. 片状带铆钉构件（08JJ2①：102）

4. 片状带铆钉构件（08JJ2①：102）侧

5. 圆钹形带孔构件（08JJ2E1F1：7）外

6. 圆钹形带孔构件（08JJ2E1F1：7）内

甲组建筑基址北基址出土铁器

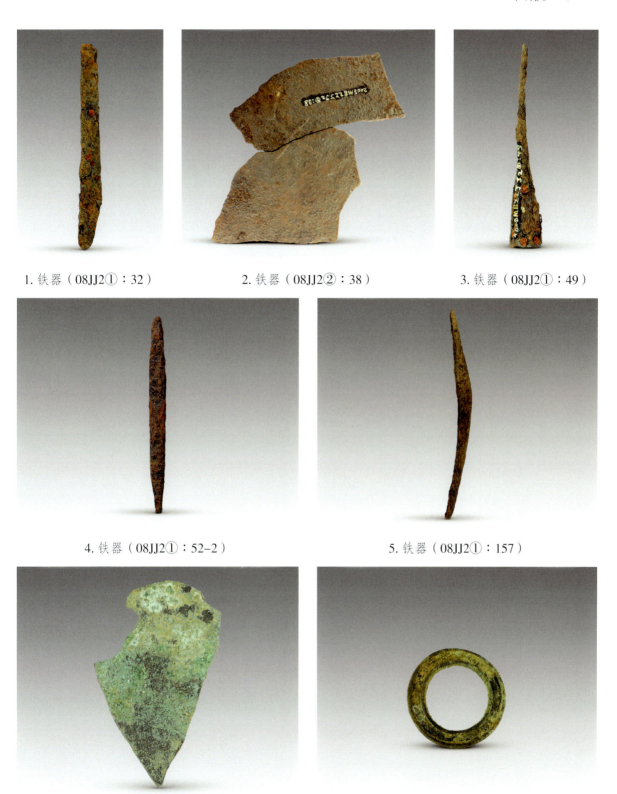

1. 铁器（08JJ2①：32）   2. 铁器（08JJ2②：38）   3. 铁器（08JJ2①：49）

4. 铁器（08JJ2①：52-2）   5. 铁器（08JJ2①：157）

6. 铜片（08JJ2①：39）   7. 铜环（08JJ2②：43）

甲组建筑基址北基址出土铁器、铜器

1. 瓮（08JJ2E1F1：18）

2. 瓮（08JJ2E1F1：19）

3. 钵（08JJ2①：50）

4. 钵（08JJ2①：94）

甲组建筑基址北基址出土瓷器

1. 钵（08JJ2①：126）

2. 碗（08JJ2E1F1：3）

3. 碗（08JJ2E1F1：9）

4. 碗（08JJ2E1F1：9）俯视

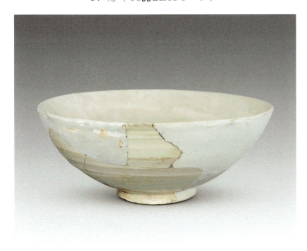

5. 碗（08JJ2E1F1：24）

6. 碗（08JJ2E1F1：24）俯视

甲组建筑基址北基址出土瓷器

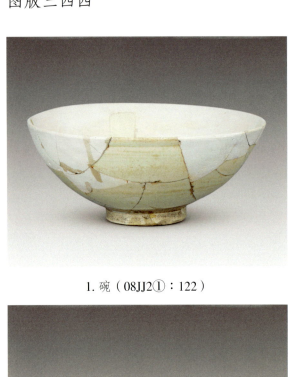

1. 碗（08JJ2①：122）

2. 碗（08JJ2①：124）

3. 碗（08JJ2①：125）

4. 盘（08JJ2①：136）

5. 盘（08JJ2E1F1：25）

6. 盘（08JJ2E1F1：25）俯视

甲组建筑基址北基址出土瓷器

1. 08JJ2E1F1：26（俯视）　　　　　2. 08JJ2E1F1：26（仰视）

3. 08JJ2①：101　　　　　4. 08JJ2①：101（俯视）

5. 08JJ2①：123　　　　　6. 08JJ2①：123（俯视）

甲组建筑基址北基址出土瓷盘

1. 盘（08JJ2②：48）

4. 壶嘴（08JJ2②：59）

2. 盘（08JJ2②：48）仰视

5. 口沿（08JJ2①：139）

3. 盘（08JJ2②：48）仰视

6. 口沿（08JJ2①：140）

甲组建筑基址北基址出土瓷器

1. 口沿（08JJ2①：141）

2. 口沿（08JJ2①：142）

3. 口沿（08JJ2①：149）

4. 口沿（08JJ2①：150）

5. 口沿（08JJ2①：159）

6. 器底（08JJ2①：144）

甲组建筑基址北基址出土瓷器

1. 08JJ2①：137

2. 08JJ2①：137（俯视）

3. 08JJ2①：138

4. 08JJ2①：138（仰视）

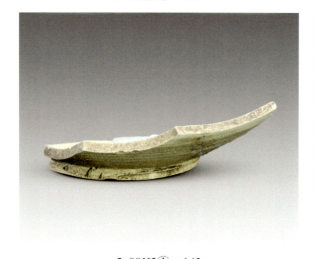

5. 08JJ2①：143

6. 08JJ2①：143（俯视）

甲组建筑基址北基址出土瓷器底

1. 瓷器底（08JJ2①：146）

2. 瓷器底（08JJ2①：147）

3. 瓷器底（08JJ2①：148）

4. 瓷器底（08JJ2①：151）

5. 瓷片（08JJ2①：145）

6. 陶盆（08JJ2E1F1：27）

甲组建筑基址北基址出土瓷器、陶器

1. 08JJ2E1F1：20

3. 08JJ2E1F1：22

甲组建筑基址北基址出土陶瓷